创教育

基于区域特色综合课程创造力素养培育丛书

总 主 编　张　伟　李百艳

副总主编　吕翠红　李　军

CHUANG
JIAOYU

主　编　徐　凤

副主编　于海鹰

编　委　陈　飞　陆瑞蓉　毛燕菁　仇虹豪

　　　　王　超　许永红　郑　钢　张琴琴

　　　　张　馥　张赢心　刘小倩　夏伟婕

　　　　潘艳东　陆　怡

科创启未来

创教育：「科创」综合课程研究与实践

上海交通大学出版社
SHANGHAI JIAO TONG UNIVERSITY PRESS

内容提要

　　本丛书的主要目标是深化上海市基础教育课程教学改革，推动中小学创新创造教育，探索基于情境、问题导向的互动式、启发式、探究式、体验式教学，保护学生的好奇心、想象力、求知欲，激发探究和学习的兴趣，提升学生创新精神和实践能力。本丛书是上海市浦东新区教育局、浦东新区教育发展研究院以及所属各学校依托《基于区域特色的学校综合课程创造力培养研究与实践》项目，积极探索、先行先试，打造的上海教育改革创新发展新标杆，为上海深化教育综合改革、加快推进教育现代化提供了可复制、可推广的经验。本丛书作者具体开展了基于浦东新区区域特色综合课程创造力的内涵界定与理论基础研究，构建起能够体现浦东新区金融、航运、科创、人文四大特色的"创教育"课程体系，创设了"融创""航创""科创""文创"四大课程主题联盟，建立了校长-教师-学生"三位一体"的区域课程创造力提升实施架构与配套机制。本丛书主要适合基础教育阶段的教育工作者和研究人员阅读使用。

　　本书主要介绍"科创"联盟学校的研究与实践成果。

图书在版编目(CIP)数据

　　科创启未来：创教育："科创"综合课程研究与实践/ 徐凤主编. -- 上海：上海交通大学出版社，2024.10
　　(创教育：基于区域特色综合课程创造力培养培育丛书/ 张伟，李百艳总主编)
　　ISBN 978-7-313-29688-7

　　Ⅰ.①科… Ⅱ.①徐… Ⅲ.①基础教育-课程建设-研究 Ⅳ.①G632.3

　　中国国家版本馆 CIP 数据核字(2023)第 195385 号

科创启未来——创教育："科创"综合课程研究与实践
KECHUANG QI WEILAI ——CHUANG JIAOYU: "KE CHUANG" ZONGHE KECHENG YANJIU YU SHIJIAN

总 主 编：张　伟　李百艳　　　　　　　　副总主编：吕翠红　李　军
主　　编：徐　凤
出版发行：上海交通大学出版社　　　　　　地　　址：上海市番禺路 951 号
邮政编码：200030　　　　　　　　　　　　电　　话：021-64071208
印　　制：上海景条印刷有限公司　　　　　经　　销：全国新华书店
开　　本：787 mm×1092 mm　1/16　　　　印　　张：10.75
字　　数：228 千字
版　　次：2024 年 10 月第 1 版　　　　　　印　　次：2024 年 10 月第 1 次印刷
书　　号：ISBN 978-7-313-29688-7
定　　价：68.00 元

序

　　"十四五"时期是我国全面建成小康社会、实现第一个百年奋斗目标之后,乘势而上开启全面建设社会主义现代化国家新征程、向第二个百年奋斗目标进军的第一个五年,也是上海在新的起点上全面深化"五个中心"建设、加快建设具有世界影响力的社会主义现代化国际大都市的关键五年。当前上海发展环境正在面临更为深刻复杂的变化,新冠疫情全球大流行加速了百年未有之大变局向纵深发展,如何通过教育变革与创新,积极回应国家"双减"政策,全面落实立德树人,强化创新型人才培养,为不同潜质学生提供更多发展空间,支撑引领城市能级和核心竞争力提升,上海将承担更大使命、更多重任。

　　深化上海市基础教育课程教学改革,推动中小学创新创造教育,探索基于情境、问题导向的互动式、启发式、探究式、体验式教学,注重保护学生的好奇心、想象力、求知欲,激发探究和学习的兴趣,提升学生创新精神和实践能力,是落实教育基础性、先导性、全局性的战略地位,建设高质量教育体系,培养创新型人才的重要抓手。2018 年,上海市率先布局,开展区域课程教学改革创新试验,将实施《基于区域特色的学校综合课程创造力培养研究与实践》项目(以下简称"创造力培养项目")作为上海市新时代深化基础教育课程教学改革的重要突破口,积极探索、先行先试,打造上海教育改革创新发展新标杆,为上海深化教育综合改革、加快推进教育现代化提供可复制可推广的经验。

　　"创造力培养项目"选取浦东新区、嘉定区作为先行试点区域,目前已经开展了为期四年的探索。浦东在打造社会主义现代化建设引领区过程中,高度重视"创造力培养项目"工作,不仅将其纳入市教委与浦东新区政府签署"上海区域教育综合改革创新示范区"合作框架内容,在浦东区委区政府发布的《浦东教育现代化 2035》中,也明确将开展基于区域特色的学校综合课程创造力的研究作为战略任务之一加以推进。

　　在推进"创造力培养项目"过程中,浦东通过研发区域特色的学校主题式创新创意综合课程体系,指向于学生创造力培养这一目标,形成了浦东项目推进的区域特色:

　　一是区域创"思"。浦东项目组在区域层面围绕项目加强顶层设计,开展了浦东区域特色综合课程创造力的内涵界定与理论基础研究,构建起能够体现浦东金融、航运、科创、人文四大特色的"创教育"课程体系,创设了"融创""航创""科创""文创"四大课程主题联盟,建立了校长-教师-学生"三位一体"的区域课程创造力提升实施架构与配套机制。浦东通过区域特色综合课程理念、课程建设、课程实施和课程评价的创造力四大板块的实施架构设计和各版块主要任务的有序推进，以机制建设为重心，在区域教育系统内部，形成以学生创造力培养为本，教师培训、学校发展、区域特色教育资源统整相结合的区域特色综合课程创造力提升推进机制，组建了包括校长、学科骨干教师、教发院教科研专家、全国知名专家和学生同时参与的区域特色综合课程创造力建设核心团队，实现区域特色综合课程从课程理念到课程建设、从课程实施到教学评价的整体推进。

二是学校创"行"。浦东在推进"创造力培养项目"过程中，突出项目学校作为课程实施主体地位，各项目学校创新校本课程实践方式和方法，结合自身特点着手研发校本化、主题式的综合课程方案，初步形成了扎根本校文化特色、符合区域实际、体现时代精神、选择丰富多样、有助于创造力培养的综合课程体系。在课程环境创新、课堂教学创新和课程资源创新等方面体现了创造性行动。

首先，体现了学校课程环境创新。浦东项目学校结合中小学创新实验室建设、数字教材建设、课程教学信息化建设和智慧学校建设等项目，打造课程共享、强调价值性、体现时代性、注重思想性、富有选择性、坚持科学性、体现中外融合的特色综合课程体系，使课程能够为学校每一个学生提供全面而个性发展的机会。为创造力培养营造一个安全的环境、宽松的氛围和自由的空间，推动了综合课程高品质实施。

其次，体现了学校课堂教学创新。在教学方式方面，浦东项目学校积极将当前国际课程教学领域涌现的主题探究式学习、情境学习、问题式学习、项目化学习、游戏化学习、"做中学"、研究性学习、基于信息技术和人工智能的学习、STEAM跨学科学习等学与教方式，有机融入区域特色综合课程实施的教学推进过程。项目实施中加强指向学生核心素养和学科素养培育、注重与真实生活情境联系、问题解决和应用迁移的课堂教学设计，全方位扭转"以教为主"的传统课程教学模式，重点落实从教师的"教"向学生的"学"的课程教学模式转变，使区域特色综合课程的教学实施更加符合学生的认知规律和身心发展规律、更加符合信息时代人的学习特点，切实提升区域特色综合课程的创造力和教学质量。

最后，体现了学校课程资源创新。浦东项目学校一是深入挖掘校内课程资源，积极开发信息化课程资源，充分发挥了图书馆、实验室、专门教室及各类教学设施和实践基地的作用。二是广泛开发校外课程资源。浦东项目学校充分挖掘校外高校、研究机构、场馆、企事业单位等优质教育资源，并将这些优质教育资源链接到项目实践中，有力地推进了学校创新性行动。

三是智力创"能"。浦东着力拓展区域与社会专业机构、区域与海外教育组织的交流合作机制，充分发挥区域内高校、科研院所、公共场馆、企业等社会教育资源对区域课程建设与实施的积极作用，持续深化与国外教育机构和社会组织的专业合作，为"创造力培养项目"赋能。

经过几年的探索，浦东"创造力培养项目"的实施，取得了四个方面的成效和突破：

一是经过四年多的探索与实践，浦东构建起能够体现浦东新区金融、航运、科创、人文四大特色的"创教育"课程概念体系和项目实施框架，建立了项目推进的组织机制，形成了整体驱动的浦东区域特色综合课程资源。

二是通过项目学校遴选和学校调研与指导，进行了境内境外的研修，构建起能够体现浦东金融、航运、科创、人文四大特色的"融创""航创""科创""文创"四大主题课程联盟，通过四大特色课程联动小学、中学，实现12年贯通设计，建立了校长-教师-学生"三位一体"的区域课程创造力提升实施架构与配套机制。

三是基于已开发的区域特色综合课程体系，通过线上线下相结合的方式互动开展教师培训交流和学生学习，整体提升区域实施综合课程的教学质量。

四是以培养学生创造力为导向，初步形成了"区域-学校-学生"三级区域特色综合课程评价机制。

浦东"创造力培养项目"的实施凸显出三大亮点：

一是体现了中外融合。浦东在建设与实施"创造力培养项目"中，广泛吸收和借鉴当前国际前沿的课程教学研究成果和实践经验，通过组织教师海外研修、开展国际论坛、学生研学访学等活动开展，将当前全球范围内最先进的课程理念、课程内容、课程教学模式引入到当前上海深化基础教育课程改革的进程中，服务并推进区域特色综合课程建设与实施的质量和有效性不断提升。

二是凸显了技术变革。浦东充分利用信息时代和人工智能时代借助信息化手段开展课程教学、评价、教研的开放性优势，打破传统课程建设与实施的时空局限，构建学生和教师在课程建设、实施与研修改进过程中时时可学、处处能学的教师培训研修与学生学习模式，融合教师和学生的线上网络学习互动与线下现场学习交流，全方位提升信息技术与区域特色综合课程的深度融合。

三是形成了区校联合机制。浦东在发挥好区域在课程体系顶层设计、资源统筹与配置、课程建设专业指导与保障等方面作用的同时，激发区内学校在立足可获得资源的基础上进行课程建设和实施的积极性与创造性，有效加强区域与学校之间的良性互动，各司其职、有机联动、一体协同提高整个区域基于区域特色的学校综合课程的创造力。

当前，经过四年多的探索和实践，"创造力培养项目"的研究与实施进入最为关键的时期，需要在系统梳理实践经验的基础上，在更大范围内进行推广辐射。我欣喜地看到，浦东项目团队在市级项目组的指导下，正在引导各项目实验学校更好地发挥实践工作者的主动性和创新活力，梳理和汇集合乎研究目标的可推广的成果，探索具有更加丰富、更高水平的系统性、可复制性"浦东经验"。期待"浦东经验"更好地发挥推动上海市中小学课程改革和创造力培养的更高水平发展的"灯塔"作用，打造上海教育改革创新发展新标杆。

是为序。

上海开放大学校长

2023年8月

前　言

　　我国教育的根本任务是全面落实立德树人。如何通过教育变革与创新，积极回应国家创新人才培养，为不同潜质学生提供更多发展空间，支撑引领城市能级和提升城市核心竞争力，是我们教育工作者需要承担的重要使命和任务。2019年，上海市开展区域课程教学改革创新试验，将实施《基于区域特色的学校综合课程创造力培养研究与实践》项目作为上海市新时代深化基础教育课程教学改革的重要突破口。两个试点区之一的浦东新区项目组指导各学校构建起金融、航运、科创、人文四大特色的"创教育课程"体系，让一批基层学校有了探索和尝试的机会和支持，也有了诸多的实践和感悟。

　　浦东新区的九所学校，在盟主学校华东师范大学附属周浦中学的牵头下组成了科技创新（科创）联盟。联盟在共同的框架下各显特色，互相共通。科创联盟通过"搭积木"方式，从"各创其创"到"共创共享"来探索课程环境创新、课程资源创新和课程教学创新。各校希望通过项目的实施，能引导学生更关注日常生活和社会发展相关的科技创新问题，培育和提升学生的创新精神和实践能力。经过不断地探索，科创联盟各校结合学校特色、区域特色，依托校内外资源，开发了一批高质量的综合课程，逐步建设了一批特色教师队伍，改善了办学设施设备条件，也提升了学校的知名度和影响力，促进学校办学品质提升。

　　四年多来，科创联盟各成员校在盟主学校（周浦中学）的带领下，研究实践课程开发意义、思路、多元范式、评价及学生创造力培养的策略研究与实施。本书总结以上内容，介绍了整个项目实施过程中的研究经历与经验。

　　综合课程的开发取得了一定成果和经验，但是依然有很大的提升空间。今后联盟各校将坚定课程改革的综合化方向，朝着继续优化顶层设计、落实综合课程开发与实施的各个环节、发挥区域联动和联盟共建的优势等方面共同努力，帮助学生学会自我管理、学会同他人合作、学会过集体生活，激发好奇心、想象力，培养创新思维，应对新时代新挑战。

徐凤

华东师范大学附属周浦中学校长

2023年8月

目　录

第一章 科创联盟总述

第一节 "科创"综合课程开发的背景、意义与机制

21世纪是一个以创新为核心竞争力的信息化时代,《国家中长期教育改革与发展规划纲要(2010—2020)》提出,坚持以人为本、全面实施素质教育是教育改革发展的战略主题,其核心是解决好培养什么人、怎样培养人的重大问题,重点是面向全体学生、促进学生全面发展,着力提高学生服务国家服务人民的社会责任感、勇于探索的创新精神和善于解决问题的实践能力。国家将创新精神、创新人才的培养已经提到了相当的高度,而创新人才的培养,关键是培养学生的创新素养。课程是教育思想、教育目标和教育内容的主要载体,是学校教育教学活动的基本依据,也是培育学生创新素养的主要途径之一。

一、"科创"综合课程开发的背景

(一)"科创"综合课程的缘起

当前中小学在进行学科教学时,普遍存在"学科界限过于清晰"的现象。学校过于注重学生基础知识和基本技能的培养,而忽略了学生实践与探究的体验及其心理健康的培养和核心素养的形成,也忽视了信息时代对人创造性的要求。当今上海正面向2035年建设具有全球影响力的国际大都市和"五个中心",不断推进教育综合改革,新时代课程改革的力度更大。很多学校在基础教育课程改革中进行了各种探索,开发了学校特色课程,但多较为零碎,需要统整,基于素养导向、综合育人、实践育人理念的综合课程呼之欲出。

2019年,上海市率先布局,开展区域课程教学改革创新试验,将实施《基于区域特色的学校综合课程创造力培养研究与实践》项目(以下简称"创造力培养项目")作为上海市新时代深化基础教育课程教学改革的重要突破口,积极探索、先行先试,打造上海教育改革创新发展新标杆,为上海深化教育综合改革、加快推进教育现代化提供可复制可推广的经验。"创造力培养项目"作为上海基础教育综合改革和推进创新创造教育重点项目之一,选取浦东新区、嘉定区作为先行试点区域,开展为期四年的探索。该市级项目总目标是:规划和实施以校长-教师-学生"三位一体"为课程开发主体、研发过程中外融通、培训交流网络互动、实验载体主题创意、资源供给区域特色的学校主题式创新创意综合课程体系。经过前期探索与实践,浦东新区项目组指导各学校围绕"大浦东特色""小区域特色",于2020年进一步构建起能够体现浦东新区金融、航运、科创、人文四大特色的"创教育课程"

体系,将本区几十所项目学校依据各自综合课程的主要特点划入以上四个课程体系板块。

（二）参与项目研究的联盟学校

浦东新区综合课程项目科创板块课程项目学校共有九所,分别是华东师范大学附属周浦中学(以下简称"周浦中学")、实验学校东校、进才中学东校、致远中学、周浦小学、明珠临港小学、梅园小学、张江高科实验小学、祝桥小学。以上九所学校组成了浦东"创造力培养项目"的科创联盟,联盟盟主学校为周浦中学。盟内学校综合课程突出科技创新的特色,各校希望通过项目的实施,引导学生更关注日常生活和社会发展相关的科创问题,培育和提升学生创新精神和实践能力。

九所科创联盟项目校中既有建校历史悠久的老学校,如周浦中学、周浦小学、祝桥小学、梅园小学等,也有 2000 年之后建校的"零零后",如进才中学东校、实验学校东校、明珠临港小学、张江高科实验小学等。联盟学校学段齐全,包含小学、初中和高中。

1. 一所高中

周浦中学是浦东新区实验性、示范性高中,学校始创于 1924 年,经过近百年的发展,已成为区域内具有一定影响力的高级中学。学校从 2000 年整体搬迁至现校址,占地面积 135 亩,建筑面积近 4 万平方米。作为一所历史悠久、富有底蕴的学校,它的发展与浦东乃至上海的改革开放紧密关联,呈现出弘扬传统、持续创新的崭新画面。2006 年,学校抓住高校优质资源向地方辐射的契机,华丽转身成为华东师范大学的附属学校,为深化高校和中小学合作办学提供了实践样板。2009 年,在南汇区划入浦东新区的背景下,学校成为浦东新区首批区实验性、示范性高中,为学校发展迈向新台阶提供了动力。2018 年,伴随着浦东新区集团化、学区化办学的推进,学校成为了华二浦东教育集团的七所成员学校之一,为学校内涵建设注入了新的活力。学校现有 40 个班级,近 1 800 名学生,教职员工 156 人,专任教师 149 人,其中高级教师 46 人、中级教师 62 人、硕士以上学历学位教师 33 人(含博士 1 人)、区学科带头人及骨干教师共 19 人。周浦中学以"爱、俭、韧、诚"为校训,以"尽心服务、和谐发展"为办学理念,以期达到"人格完善、学力坚实"的育人目标,学校获评或保持多项市级以上荣誉称号。近年来,学校立足"生活教育"特色高中建设,通过组织教师集中学习、开展教学论坛和展示活动、系列化教研等活动,积极实践"双新"改革。过程中,学校开发"生活-创意"综合课程,注重学生现在和未来创造力的培养,促进学生终身发展。同时,为激发学生的创新热情和创造活力,学校积极开展"生活-创新"的教育活动,通过实践选修课程、个性化课程、项目化学习、兴趣小组、科技创新社团、科技节、科技创新论坛、科普知识大赛等形式营造讲科学、爱科学、学科学、用科学的浓厚氛围,培养学生的创新精神和实践能力。

2. 两所初中

进才中学东校正式创办于 2016 年,它的创立是上海市、浦东新区政府推进义务教育均衡化、优质化发展的重要举措,是进才教育集团发挥品牌辐射作用的重要载体。办校以来,进才中学东校全体师生坚定不移地贯彻落实党的教育方针,实施素质教育,坚持落实立德树人根本任务,坚持五育并举育人方略,传承进才文化,秉持创业精神,塑造进东品牌,学校各方面的教育教学工作实现了跨越式的发展。学校现有 21 个编制班,836 名学生,教职工 65 人,其中专任教师 59 人。目前已逐步形成具有进东特色的校园文化体系,以"人成其才,成其为人"为办学理念,以"以人本释放师生能量,以创新激发办学活力,以育人彰显学校价值,将学校办成一所'高质量、有特色、现代化'的品牌学校"为学校发展目标,坚持培养"凌志笃行,立人成事"的进东活力少年。

致远中学作为上实浦东教育集团成员校,始终坚持"以人为本,激发潜能,为每一位学生的终生发展奠基"为办学理念,以"展能成志,攀高致远"为校训,用心孕育"明志修身,静思践行"的校风,养成"勤勉自律,乐学慎思"的学风,打造"博学善导,厚生乐教"的教风,建设具有致远特色的学校文化。以教育科研促学校整体发展,以精致管理促校园文化建设,充分开发师生智慧潜能,提高教育教学的有效性。作为金杨学区成员校,各校共享学区理念与学区资源,致力于校社融合,不断激发办学活力。该校基于不同学生差异性发展的需求,尝试利用校内外多种资源开发多元课程,身心修养类、人文艺术类、工程科技类、强体健身能类、社会实践类、学科拓展类等六大类课程促进师生个人潜能释放,师生硕果累累。

3. 一所九年一贯制学校

实验学校东校创建于 2004 年 9 月,位于浦东新区碧云国际社区,由上海市实验学校实施委托管理。2012 年起托管上海市浦东新区锦绣小学,共同成为实验教育集团校。2011 年入选上海市第一批"新优质学校"项目。"构建和谐教育生态,实施优质教育服务"是学校的办学思想,"办一所回归生活世界的学校、一所展现生命活力的学校、一所具有教育生态的学校"是学校的办学愿景,也是办学目标;"为每一个孩子的幸福童年和美好未来服务"是学校的历史使命和办学理念;学生发展目标是培养"乐群、博雅、尚美、善思"的富有潜质的阳光少年;学校口号是"快乐每一天、进步每一天、成功每一天";学校的校训是"攀登"。为实现教育理念,学校着力构建"生命、生活、生态"的学校文化,通过构建和谐教育生态,实施优质教育服务,力求办"一所展现生命活力、回归生活世界、关注生态和谐的公校",形成家校共赢大格局。学校从 2004 学年的 7 名教师、32 名学生发展到今天的 190 名教职员工、69 个教学班、3 040 名学生。如今,现代学校制度建设已显成效。学校通过创建"无墙公校",打造"多样、和谐、开放、渗透、可持续发展"的教育生态,助推教师专业发展、学生展能成志。近年来,学校取得各项佳绩。在学术成绩方面,近三年学校一直保持在浦东新区义务教育阶段第一梯队的行列。荣誉方面,学校取得多项特色学校达标,学校也是上海市首批项目化学习百所实验学校和浦东新区"基于大数据驱动的智能精准教学项目"实验学校,为"创·生"课程群研发和实施提供了良好的平台。

4. 五所小学

张江高科实验小学创建于 2002 年 9 月,学校现有香楠和藿香两个校区,共有 60 个班级、2 600 余名学生,教职工近 150 人。学校地处张江科学城,周边有上海中医药大学、中医药博物馆、孙桥农业园区等优质资源,学校的家长群体也大多有着良好的教育背景,其中涉及医药行业的较多,能为学校提供具有专业知识背景的中医药方面的教育资源。基于张江科学城区域特点和优势,秉承"人人有自信、处处有合作、天天有追求、事事求创新"

的办学理念,学校坚持"让校园成为师生共同幸福成长的地方"的办学愿景,坚持"尚美、乐创"的教育主张。在办学实践中着眼于育人方式的变革,推崇向美的育人文化,研发尚美的课程体系,架构慧美的激励机制,创设和美的育人格局。积极培育五育并举、全面发展的高科阳光少年。

周浦小学创办于1907年,一个多世纪以来,学校始终传承优良的办学传统,先进的教育理念,培养出成千上万的优秀人才。学校是上海市首批素质教育实验学校。曾获得少先队全国红旗大队、上海市文明单位、区科技特色学校、区"学生综合素质评价测试"实验学校等荣誉称号。近来完成区、市级课题30多项。荣获上海市第七届教科研成果奖、上海市少先队课题一等奖、全国少先队科研成果二等奖。

祝桥小学创办于1905年,迄今已有一百多年办学史。学校始于乡绅傅恭弼、龚奎聚开办的毓秀初级小学,位于竹桥镇西市储家庙前原义塾旧址,首任校长为卫庚百。学校现地处航空新城交通枢纽祝桥镇,毗邻浦东机场,紧靠上海东站,区域位置独特。学校现有29个教学班,1 133名学生,教职工73人,专任教师72人,其中高级教师3人、一级教师26人、区级骨干教师3人。学校占地9 759平方米,建筑面积4 080平方米,设施完备,专用教室齐全。祝桥小学积极借鉴明珠教育集团、观澜教育联盟和祝桥学区等集团、学区管理经验,借力优质资源,以《打造航空主题社区,培育思维创新学子》规划引领,主动寻求学校发展新的生长点与突破口,全面聚焦落实学生核心素养培育,立德树人,五育并举,积极落实"双减"工作,全面推进"五项管理",积极探寻"少年儿童未来航空社区"为主线的综合课程建设与实施,实现学校教育与时代相融,与未来联结。

明珠临港小学地处中国(上海)自由贸易试验区临港新片区,在科创方面拥有得天独厚的地理优势。学校本身物质资源丰富,拥有充足的科创课程专用教室,配备有优良的器材和优质的师资。学校从开办起,借鉴明珠教育集团的优质教育资源,积极推进课程改革与发展,用较短的时间实现了跨越式的发展,包括办学规模、课程与教学、教师队伍建设、教育教学质量,显现进取不息、踏实前行、创新实践的特征。学校优先建设"将智慧、信任和关怀倾注给每一个孩子"的教师核心精神,培育有爱有梦想的教师团队,通过"教、研、训"一体化、系列化的分层分类培训,组织教师广泛参与课题研究、项目实践,提升教师专业能力,教师普遍具有全面育人、多元发展的理念,积极开展基于课标、落实双减、问题导向、指向素养培育的教育教学活动。现有高级教师4人,中级教师29人,区骨干7人,区中心组成员7人,5人次获得市级以上教育教学竞赛一等奖。

梅园小学建校于1880年,前身是培儿教会学校,1980年更名为梅园小学。近年来,学校以"儿童研究"为核心,以"脑科学"研究为切入口,讲究精致办学,努力创建符合本校多元化办学特色的理念。百年梅园在继承光荣历史的同时,不忘创新,勇敢创造。

二、"科创"综合课程开发的意义

(一) 响应新时代创新人才培养的要求

党的十九大报告中50余次提到创新,提出"创新是引领发展的第一动力",并定下了到 2035 年中国要跻身创新型国家前列的目标。习近平总书记也高度重视创新发展,在多次讲话和论述中反复提到创新,强调"要把创新摆在国家发展全局的核心位置"。习近平总书记对发展科学技术做了重要批示:"努力成为世界主要科学中心和创新高地。我们比历史上任何时期都更接近中华民族伟大复兴的目标,我们比历史上任何时期都更需要建设世界科技强国!"这为我们在教育中培养未来科技创新人才、培育学生创新思维提出了明确要求、指明了方向。教育部颁布的《关于全面深化课程改革落实立德树人根本任务的意见》中多次提到"创新"一词,明确学生应具备的适应终身发展和社会发展需要的必备品格和关键能力,突出强调学生合作参与、创新实践。《中小学综合实践活动课程指导纲要》《上海教育现代化 2035》等各级文件提出"创新教育"有关要求,提出推进创新教育和创新人才培养,培育各类学生的创新能力。要达到上述目标与要求,学校教育除落实国家基础学科课程外,还要开辟更广阔的课程领域,开展更充分的创造性活动。优质的综合课程在培养学生高阶思维和创新能力,培养学生分析问题、解决问题的能力方面具有很大优势。

祝桥小学、梅园小学等学校充分认识到加强科技教育对学生创造力培养的重要性。学校认识到,科技创新教育工作以及科技类课程的开发,是新形势下学校教育的需要,是全面推进素质教育的需要,也是不断丰富学校内涵的需要。创新也是基础教育工作者面对世界经济社会发展潮流,面对世界教育改革潮流的主动学习、借鉴、发展与变革的结果,是以全面推进素质教育为标志的学校教育现代化努力的组成部分。科技创新教育通过引导学生观察、实践、发现、思考甚至讨论,可以让学生主动学习,通过自己的思考、体验得出结论。这样有助于锻炼学生举一反三、触类旁通的能力,激发他们的想象力和创新意识。学校提出让创新教育成就每个学生的个性发展,让创新教育贯穿于教育教学的全过程,提升学生的核心素养与实践能力,结合课堂内外、线上线下,培养学生爱国情怀和全球视野兼备、科学素养与人文精神并重的创新型人才的要求,以创新实践整体推动祝桥小学未来航空社区教育事业的全面发展。

进才中学东校从认识航空课程的价值入手,深刻认识到航空科技课程对学生创造力和创造精神培养的重要性。他们认为,航空科技蕴含着独特的素养、文化和育人价值。航空的文化特性有利于激发学生爱国主义情怀进而树立科技报国的远大理想。丰富的航空科技知识对学生具有很强的吸引力。航空科技知识的学习对于学生厚植和理解科学知识与科学方法具有十分重要的作用,有助于学生对有关的核心知识和概念的理解,也有助于引导学生树立科学探索精神和品质。

(二) 助推学生核心素养培育目标的落实

核心素养是学生在接受相应学段的教育过程中,逐步形成的适应个人终身发展和社会发展需要的必备品格和关键能力。北京师范大学林崇德教授团队受教育部委托,于 2016 年 9 月发布《中国学生发展核心素养总体框架》(见图 1-1)。该框架由文化基础、自主发展和社会参与三大领域塑造"全面发展的人";这三大领域的综合表现,形成了中国学生发展的六大核心素养,那就是人文底蕴、科学精神、学会学习、健康生活、责任担当、实践创新;这六大核心素养又分别对应了 18 个素养要点。核心素养可以为学校育人画像,为

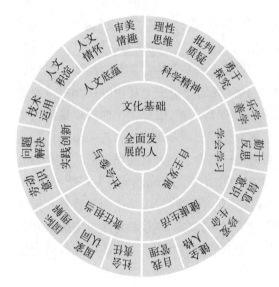

图 1-1 中国学生发展核心素养总体框架

教师教育架桥，为学生发展导航。因此，综合课程也应将发展核心素养作为最高目标。通过"创造力培养项目"的研究实践，学校期望能发展学生科学精神、健康生活、实践创新等多方面的核心素养，处理好自我与社会的关系，培养社会责任感，提升实践和创新的能力，实现个人价值的同时，推动社会发展进步。

联盟学校尽管从各个角度开发与实施综合课程，但是落实学生核心素养的宗旨坚持不变。例如，周浦中学架构了"生活教育"的科创综合课程，将其作为核心素养培育的重要途径。该课程无论是内容与经验的结合、动手与动脑的结合，还是知识学习与社会实践的结合、理解自然现象和解决实际问题的结合，都涉及许多核心素养的要素。从某种意义上说，引导学生用积极的、健康的、文明的、绿色的生活方式，提升以生活理解力和生活创造力为主要构成的"生活素养"能力，就是最好的核心素养培育的过程。

明珠临港小学在本项目实践中意识到，学生核心素养的培育是当前教育的首要问题。怎样的课程更加有助于 21 世纪学生的学习、有助于促进不同学生的成长，是该校思考的重心。学校紧紧围绕核心素养培养目标，以点串线，以线带面，以面成体，系统构建综合课程，包括探究型课程、拓展型课程及项目化活动等创造力课程的开发，切实培养师生创造意识和能力，从而提升个人综合素养。在创造力课程的实施中，每一个主题活动都围绕解决一个问题、设计一个产品、制作一个作品为活动过程。为了完成这个活动，学生必须要获得相应的知识与技能，需要对遇到的问题提出自己的见解、提出解决的新思路和新方法，并将所获得的知识运用到实际问题的解决中。这就有效地促使学生去主动获取知识，形成创造性设计思维。因此，课程的开发与实施有助于培养学生合作、动手、探究、创新等多方面的能力，有助于发展学生的核心素养。

（三）拓展学校特色发展的道路

国家基础课程的落实是学校教育的基石，但是仅做到这点远远不够，只有进一步发展各具特色的综合课程，才能创建学校的特色，拓宽各校的特色发展之路。

实验学校东校结合国际化社区地域环境特点，在"为每一个孩子的幸福童年和美好未来服务"办学理念指导下，提供优质的教育服务，构建以学生为中心的和谐的教育生态，创设使学生主动发展的教育环境。以人的属性为出发点，学校进一步提出了"生命、生活、生态"的"三生"课程理念，以此作为贯穿于学校的管理、教育教学、队伍建设等各个方面的核心价值观，构建以学生为中心的和谐的教育生态，创设使学生主动发展的教育环境，力求办"一所展现生命活力、回归生活世界、关注生态和谐"的学校。自建校以来，学校的课程与教学改革围绕"三生"课程理念展开,学校注重创新教育教学,增强学生的探究与学习体验。因此,本项目中,学校用"创·生"来描述课程群的核心价值。需要强调的是,这里的"生"还有"生本""生长"等含义,凸显了学校课程与教学改革以学生为中心,持续促进学生成长的核心价值导向。

致远中学基于本校科创特色定位,建立了以"科创"为核心的致远树创新环境,以"培育学生创新素养"为目标,通过学校"致远根""致远株""致远叶"的学校品牌配套、教师基础课程、家长创新课程的基础创新服务,建立"致远枝""致远花"教师、学生为主导的以"现实模拟"为主题的综合课程系列。

张江高科实验小学发挥学校所在的"张江科学城""张江药谷"区域优势,将项目目标与学校办学理念、课程文化相衔接,以"中草药探究"校本课程为载体,开展了学校《基于"中草药课程"的小学生科创能力培养的实践研究》项目研究,聚焦小学生科创能力的初步培育,优化课程内容体系,改进课堂教学策略,建设个性化学习环境,完善课程评价,致力于课程品质的整体提升。

祝桥小学作为一所百年老校,一直在思考未来的创新教育、文化传承之路在哪里。学校虽然文化底蕴深厚,但不能原地踏步,学校的未来发展,要与时代相融,与未来联结。为此,学校在经历了一年多的思考与实施之后,不断反思和回顾走过历程,深深地感受到"创新教育"在实践中的重要性。学校的未来发展,要以"创新教育"这一大背景,才能更有效地彰显学校的"文化特色"和"特色文化"。通过创新教育,才能打造符合21世纪需求的学校、适应21世纪发展的学生、老师,这样的学校才是更有生命的活力与张力。

（四）反哺课程改革研究的深化

综合课程的开发标志着课程改革的进一步深入。创造力项目的进行与综合课程的开发,有利于将学校课程的开发引向高水平与高品位。同时,综合课程的开展能够积累丰富经验与促进认识提升,无论在实践层面还是理论层面都能提供研究成果,从而反哺课程改革向纵深发展。

三、联盟课题的运行与联动机制

（一）联盟各校在总课题统领下的课程开发方向

接到本项目任务后,在市级总课题的引领下,各项目校纷纷确定了本校的综合课程。浦东新区"创造力培养项目"科创联盟各校综合课程主题分别为"生活教育"综合课程（周浦中学）、基于STEM理念的"创·生"综合课程（实验学校东校）、"航空特色"综合课程（进才中学东校）、"现实模拟"综合课程（致远中学）、基于STEAM理念的"小小设计师"综合课程（周浦小学）、"少年创客"综合课程（明珠临港小学）、"科创特色实验"综合课程（梅园小学）、"中草药"综合课程（张江高科实验小学）、"少年儿童未来航空主题社区"综合课程（祝桥小学）。

（二）联盟促进课题运行的联动机制

综合课程创造力培养是面向未来的教育。综合课程创造力是指基于区位经济发展方向与文化特色,课程建设的多元主体共同统整各类资源,开发面向区域内每一个学生的综合性、专业性、可选择的区域特色共享课程的创新创造能力。这就要求联盟在共同的框架下各显特色,互相共通。科创联盟通过"搭积木"方式,先从"各创其创"再到"共创共享"探索课程环境创新、课程资源创新、课程教学创新模式,结合学生已有的经验和将要经历的社会生活实际,引导学生关注社会生活实际中的科技与创新问题。

为进一步深化"创造力培养项目"的实施,联盟组织各校参加高级培训班的学习。作为培训主办方的北京圣陶教育发展与创新研究院,联合英国教师培训学校奥德赛教师培训学校联盟和全国课程教学及相关行业领域的高级专家,基于课程教学领域的深厚积累与实践经验,为项目学校校长和骨干课程教师推出定制化课程,提升联盟学校以校长-教师-学生"三位一体"的课程创造力和创新素养。通过主题报告和专题工作坊等形式,促进项目教师队伍的课程理解和课程创新,基于项目学校已有特色课程建构浦东新区区域特色的课程图谱、课程内容、教学与评价方式,进一步提升区域教师的课程创造力和区域特色课程的内涵品质。英方为上海市优秀中小学创新教育实践者进一步提供最前沿的教育理念和实践成果,利用线上工具,将英国学校的最佳实践及经典案例带给联盟学校管理者与教师,帮助教育实践者发现更有效的课程规划、要素设计、教学法开发、教学评估、学校资源管理等领域的具体方式方法。

此外,联盟内还有多种联动。一是围绕区域发展特色与课程教学目标,创造性发挥区域、学校、校长、教师、家庭、社会、学生多方参与的课程构建功能,建立微信公众号、钉钉群等数字化的联盟联合平台及联盟课程骨干教师团队,使资源共享、区域互通、师生展示交流通畅。二是环境创新是对区域课程实施的基础环境进行设计或重构,满足不同课程和学习方式对于学习的物理空间、心理空间、虚拟空间等环境的适应性需求,使有限的课堂变成无限的学习空间,构建社会型的学习环境,开展联盟内的师生访学和科技论坛、科技夏令营等活动。三是按照区域发展、教育改革、学生成长等多元需求,综合设置区域课程的课程结构、课程内容,编写校本教材,统整形成彰显区域特色、聚焦学生发展、培育核心素养的区域特色综合课程体系,各校在联合平台上推出综合课程的精品课或名师课,并轮流代表联盟进行区内展示。展示活动的一般过程如图1-2所示。四是开展课程骨干教师团队教研活动,并共享专家、实验室平台等资源强调教学方式的深层变革与创新,通过高频率、高质量的学与教互动,采用探究式、启发式、合作式等基于学习科学新型学习方式设计,使教学方式更符合学生的成长与发展规律,促进学生的终身发展。五是通过加强学校与家庭之间的协作、学校与企业之间的协作、学生与教师之间的协作,充分整合并开发各类资源服务,为学生区域课程修习的教育资源配置,提供学生丰富的、优质的、个性化的教育资源匹配与支持。六是凸显区域特色课程的文化育人价值。注重学生认知能力、情感激发、思维方式、知行合一、社会责任和价值信念的同步形成与发展。对各自的特色创造力综合课程加以整合、提炼,形成微视频或快闪等形式的各校课程简介,形成相关课程图谱,编制课程文本。

2020年起,科创联盟聘请上海师范大学专家柳栋,华东师范大学专家张会杰、安桂

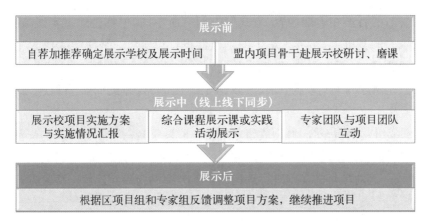

图 1 - 2 科创联盟学校展示活动的一般流程

清、夏志芳及来自其他企事业单位的倪飞凤、张维红等多位专家实地指导本联盟项目学校开展工作。专家团队一方面从联盟可以做什么、怎么做、设立怎样的共同目标、贡献哪些成果、如何共享资源等方面为各校打开了思路，帮助构建出共同的项目框架；另一方面在项目推进的中早期帮助各校明确"综合课程"本意及在国家新课程和本项目中的含义，并对如何有创造力地架设综合课程给出理论解读。

有专家为学校解读综合课程的三层含义：① 学科内知识的综合认知和运用；② 两个或两个以上多学科跨学科结合的知识的学习和实践探索的活动，就是跨学科学习，这是多学科的一种知识的学习和运用；③ 知识的学习与学生动脑动手实践探究的一种紧密结合，呈现出思维的扩展性，实践的过程性以及能力锻炼的一种体验的过程。

有专家认为综合课程应具有以下特点：① 知识的综合应用；② 知识的学习与学生的探究活动密切关联，而且更多的是学生在探究实践活动当中，感悟和学习知识、应用知识，锻炼实践能力；③ 有课程开展的实体资源，如创新实验室、植物园、养殖塘、科技探索馆等；④ 形成课程指南，形成课时制的或者更细的形成课程实施方案，最好还有一定的实践基础；⑤ 形成与这个课题实施相关联的校园氛围，那就是学校特色了；⑥ 这样的课程设施应当架构起与学生学科学习的必要的联系；⑦ 这样的学习对学生的价值观，创新意识和能力，生涯发展有积极的影响作用。

有专家对联盟学校如何完成承担的课题研究任务给出建议：① 态度上要将参与课题研究作为扩展视野、提升学校科创为特色的综合课程实施水准的契机。② 科创综合课程的建设一定要能够激发学生的好奇心，能够吸引相当一部分学生积极参与；科学技术相关知识融合在课程中，学生在综合课程的学习过程当中，能够在一定程度上体悟到这些知识；学生对特定主题的探究学习，包括一些实验的开展，甚至学习成果的集成，在这个过程当中展他的需求；由创新实验室或者相关的场馆设施支持下的课程架构；如果有条件，课程所需要的资源，包括智力资源、设备设施的资源以及外出参观考察的资源，能够得到社会的相关单位支持。但是，即使有外部力量支持，本校力量一定是主体。

明珠临港小学在专家团队引领下，不断发现问题，整合思路，将原来的乐高教育修改为创客课程,两者虽在上课内容、方式等方面有所不同,但都是通过实践,在激发学生好奇心、想象力的基础上,培养了学生的创造性设计思维:一是使学生成为主动的学习者;二是以问题导向,帮助学生逐步形成"思考、设计、实践、验证、改进"的创造意识和创造能力;三是寓学于玩、寓学于乐,激发师生的创造力,并进而影响到思维方式、学习方式。

从 2020 年组建联盟至今,科创联盟定期在各联盟学校召开各种形式的交流或研讨活动,各参与校展示项目推进中的阶段性实践经验和成果,也分享过程中遇到的困惑。专家组与联盟学校一起对项目的实施进行理论或实践方面的指导与建议。交流内容在学校官微发布。

第二节　以科创为主题的综合课程开发思路

一、文献综述

围绕"在以科创为主题的综合课程开发中培养学生创造力"的研究内容,本项目主要以"综合课程""科创""创造力"为关键词,对相关的文献进行搜索、梳理与综述。

(一) 关于"综合课程"的文献综述

Costley 在一篇题为《支持综合课程的研究:在公立学校课堂上使用这种教学方法的证据》的论文中,对综合课程的界定、目的、开发步骤、整合模式等作了表述。

关于综合课程的概念界定,Costley 列举了其他学者的四种观点:① 综合课程就是通过教学内容的组织,将通常单独教授的学科结合在一起;② 综合课程是围绕学生的问题组织学习;③ 综合课程可以应用来自多个学科领域的技能和词汇来研究一个中心主题;④ 综合课程不考虑学科领域的界限,比如科学、技术、工程和数学的综合课程(STEM)可以采取将两个或多个领域联系起来的学习方法。

关于综合课程的目的,Costley 认为,是建立一个以学生为中心的课程,以吸引学生,提高学生的学习水平,并增加学生的兴趣。它强调了高阶思维技能、合作学习和对价值观的考虑。它是学生与教师合作开发的解决社会问题和学生关注的课程。综合课程让学生有机会注意到材料的意义和目的,他们对材料有了更深入的理解。

关于综合课程的开发步骤,Costley 引用了其他学者一项研究中提出的 12 个步骤:培训员工;确定课程整合范围;选择整合水平;确定纵向和横向整合计划;建立工作组并阐明其职责;确定学习成果;确定内容;创建主题;制定综合课程开发时间表;选择评估方法;与学生和员工沟通;承诺重新评估和修订。这些步骤能够提供一个成功的综合课程。

关于课程整合的模式,Costley 介绍了其他学者提出的四种整合模式:融合模式,汇集两个独立的学科;合并模式,将一个课程元素添加到另一个课程元素中;相关性模式,使两个不同的学科之间建立联系;协调模式,采用课程的不同元素,可以一起工作,并统一它们。在开发综合课程时,应考虑三个基础:心理学、社会学和哲学。心理基础包括学生的学习动机,当课程与学生的生活相关时,他们会学习得更有效。课程会考虑到学生的需求、问题、关注点、兴趣和愿望。心理基础有助于发展更高阶的思维技能。社会学的基础包括该学科领域的概念和过程,这些概念都是通过精心设计的单元来教授的。哲学基础为价值观提供了一个框架和学习的核心。

基于以上的文献研究,Costley 认为,综合课程的使用在公立学校的课堂上是有用的和有效的。综合课程让学生积极参与课程,扩展他们的思维能力。综合课程还允许学生在不同的学科领域和他们自己的生活之间建立联系。当学生建立这些联系并理解为什么他们需要知道某些技能或知识时,学习过程对学生就变得积极。课程整合是教育领域一个非常重要的问题。今天的知识正在变得更加跨学科和综合性,这就要求在公立学校进行更多的跨学科和综合的学习。教师一直在寻找方法,让学生参与进来,加深他们对学习内容的理解。当学生有机会发现新知识并应用这些知识时,他们就更有可能成功。成绩的提高是显而易见的,特别是当学生从事实践活动时。成绩差距也可以随着综合课程的使用而缩小。当学生有机会把他们的个人生活经历和课堂内容联系起来时,他们的知识将会扩大,对他们来说更有意义。Costley 还在文章中总结了课程整合的三条理由:① 教师能够更好地与学生发展关系;② 学习更愉快,与学生的生活更相关;③ 可以建起将传统学术领域与学生和社区联系起来的桥梁。文章还引用了不少教师的体会:综合课程更多地以学生为中心,学生可以通过综合课程来发展个人的自我效能感。

Anderson 在题为《综合课程设计的总体目标、价值观和假设》的论文中,对综合课程的概念、意义、方法进行论述。他认为,将跨学科或综合学习的理念纳入课程仍然是一个挑战,当今世界充满了复杂的问题,如果要找到解决方案,就需要一个更综合的方法。因此,他将一个综合课程定义为:它以一种跨越主题线的教育组织方式,将课程的各个方面结合成有意义的联系,专注于广泛的研究领域,以整体的方式看待学习和教学,它是反映现实世界的,是互动的。这种类型的课程设计有出其不意的好处,包括更大的知识好奇心,改善对学校的态度,以及提高学生解决问题的技能。

Anderson 指出,大多数综合课程无论使用什么样的教学技术,一般使用三种方法:① 多学科,关注不同学科之间的关系和共同主题;② 运用共同学习的能力(例如,阅读能力、思维技能、写作能力)组织跨学科课程的学习;③ 跨学科,教师围绕学生的问题和关注点组织课程,允许他们在现实生活中应用跨学科技能发展适应现实世界的技能。因此,要求教师做到:① 教学资源的利用来源须超越教科书;② 发展概念之间的关系;③ 利用主题作为组织课程内容的原则。此外,实施综合课程的教师必须适应灵活的时间表,并愿意适应灵活的学生群体,致力于成为引领学生跨多个学科或学科间建立联系的有能力的教师。

Anderson 用列表的方式清晰地呈现了课程的各种整合模式,对各种模式进行描述,并指出它们的优点与不足(见表 1-1)。

表 1-1　课程整合的各种模式描述(优势/缺点)

名　称	描　述	优　势	缺　点
分割的	独立的截然不同的学科	清晰的学科观和严谨的观点	学科之间的联系不明确;学习的迁移很少发生
有关联的	学科内的主题	关键的概念是相互联系的,导致了在一个学科内对知识的回顾、重新概念化和同化	学科并不相关;内容的重点仍然局限在学科范围内
嵌套的	社交、思维和内容技能都在一个主题领域内	同时关注几个领域,导致丰富和增强的学习	学生可能会感到困惑,并忽视了活动或课程的主要概念
序列的	尽管主题是分开的,但类似的内容与观念,教授是一致的	促进跨内容领域的学习迁移	因为教师在排序课程上的自主权较少,需要持续的协作和灵活性
分享的	涉及两个学科的团队规划和/或教学,侧重于共享的概念、技能或态度	共享教学经验;团队中有两名教师,合作比较容易	需要时间、灵活性、承诺和妥协
网络平台	主题教学,以一个主题作为许多学科教学的基础	激励学生;帮助学生看到各种想法之间的联系	主题必须精心挑选,才能有意义,具有相关和严谨的内容
螺纹	思维技能、社交技能、多元智能和学习技能在整个学科中"贯穿"	学生学习他们是如何学习,从而促进未来的学习迁移	学科仍然是分散的
集成的	多个学科的重叠在形成共同的技能、概念和态度上体现了优势	鼓励学生看到学科之间的相互联系和相互关系,学生在看到这些联系时会被激励	需要跨部门的团队,并有共同计划的教学时间
浸入式	通过一个感兴趣的领域的角度观察来整合所有的学习	整合发生在学习者的内部	可能会缩小学习者的注意力范围

Anderson 对教师如何适应综合课程的开发与实施的问题提出一些建议：首先，教师必须从传统上说教的信仰体系转变为更基于建构主义的信仰体系。以往许多教师认为作为知识的提供者，他们的责任以一种单行道、单向的方式与学生分享知识。现在，大多数教师都知道综合课程不是单行道，"旧的"教学方式对于 21 世纪学习者已经变得不够有效。教师需要从其他背景和领域的专业知识寻找如何教学生运用概念和构建解决问题的新方案的学习方式。其次，这类课程可能需要对教师进行大量的专业发展研训。教师不仅需要学习新的教学方法，还需要学习其他学科——不一定要成为专家，而是要有足够的知识，使他们能够欣赏并认识到这些学科对大局的重要性。最后，教师还需要和他们的学生一起成为一个学习社区的成员。

付宜红在对中国综合课程开发与实施的经验进行总结的基础上撰文指出，"随着现代科学的进步与发展，当边缘学科、综合学科、横断学科不断产生，学科综合、学科交叉与融合现象成为需要，各学科领域之间呈现出相互渗透交叉和融合的发展趋势时，综合课程自然应运而生"。"综合课程有利于改进教与学方式、培养学生的思维能力、人际交往能力、逻辑表达能力及综合解决问题的能力等更是不争的事实"。这类"课程的独特价值在于综合视野、问题意识和实践能力的培养。因为任何实际问题都是综合的而不是按照学科展开的，学科只是看问题的不同视角而已。只有按照生活的综合视野和课程构建逻辑，才能实现教育方式和学习方式的改变"。

王凯、郭蒙蒙在一项研究中，引进了"综合课程群"的概念。他们认为，综合课程群关注不同课程整体设置上的时序性，割裂部分的统整性，内容板块之间的衔接性以及致力学生素养提升的发展性。与学科课程群重视知识逻辑相比，综合课程群更关注主题逻辑，以来自生活、社会、经济等领域的话题或主题为统领，课程群中各课程板块灵活有弹性。综合课程群的基本构成是系列活动和体验，体现的是对社会、生活等领域主题的剖析与认识，是对学校松散型活动课程的改进与聚合。鉴于此，对综合课程群可以作如下定义：以学生特定的素养结构为目标，以发展理念为统领，以综合主题为线索，对性质相近或者关联的课程进行整合、优化、重组，增强课程间的系统效应，体现课程的整体育人价值，形成结构清晰、内在一致、彼此衔接的课程组群。关于综合课程群的开发模式，他们归纳了理念统领模式、内容关联模式、问题解决模式、学生发展主导模式、学段衔接模式等五种。

（二）关于"科创"的文献综述

所谓科创是科技创新的简称，是自 20 世纪 80 年代以来人们逐渐形成的习惯用语但意义较模糊，总的来说代表科学技术方面的创新、创造活动，或指与科技创新有关的概念。

蒋铖茜指出，通过在知网检索关于"科创课程"的文献，发现对"科创课程"的概念界定很少，他定义科创课程是"有助于学生的科学素养、综合能力的提升，并推动学校科技创新活动多样化发展"的一类课程。

"科学技术是第一生产力。"世界范围内综合国力的竞争关键就在于科学技术的竞争。科技创新是一个民族进步的灵魂，是国家文明发展的不竭动力，科技越来越成为现代社会的重要角色，将科创思维引入当今教育的重要性也日益凸显。21 世纪我国课程改革以来,很多学校开发与实施了以科创为特色的校本课程,积累了一定的经验。

成都七中育才学校立足科创教育,促进学生多元发展,点亮学生智慧人生,铺就成才之路。学校通过科技创新课程,在学校形成科创学习氛围,让学生掌握现代科技知识,树立学生热爱科学、相信科学、尊重科学和依靠科学的思想。通过科技创新课程,认识伟大科学家,了解科创发明故事,培养科学探索精神;认识中国科技实力,培养民族自豪感和爱国主义情怀;了解国际科技发展,树立正确的科学世界观。通过科技创新课程,完善学生知识结构和思维方式,提升沟通合作能力,提升对知识与技能的深度理解和应用能力;培养创新思维和创造能力,提升学生问题解决能力;形成未来胜任力,促进学生全面而有个性的发展。学校主要以主题教育课程、学科拓展课程、综合实践课程三大类型推进科创课程实施。在主题教育课程中,主要通过开展"科学家进校园"活动,让学生零距离接触不同领域的一线专家、学者和科技工作者们。通过一场场科普讲座,引领学生感受科技、认识世界、畅想未来。学科拓展课程则是将学科教学和科创教育融合,开发学科拓展校本课程。其中,机器人课程作为学校特色科创课程,基于信息技术学科,采用项目式学习方式,让学生自己动手搭建、完成项目任务,促进学生养成正确的学习态度、科研精神、团队协作意识和问题解决能力。例如,在"无动力小车"比赛、"纸桥承重"比赛、"降落伞"比赛、科技游园会、班级智慧大比拼等活动中,将科创教育和物理、化学、数学、信息技术、美术等学科完美融合,让学生在丰富的活动中收获综合学科素养。综合实践课程主要以"四学会"活动为载体,开展科技研学活动。学生走进中科院、四川省科技馆、四川省减灾防灾教育馆、四川大学灾后重建与管理学院、某航空发动机维修基地、电子科技大学博物馆、中国电信西部信息中心、成都信息工程学院等,让学生了解科学知识、触摸前沿科技,在实践体验中燃起对科创事业的敬仰和向往之情,对祖国产生深深的热爱,形成民族自豪感。

东北师大附中早在 2012 年就在"十三五"发展规划中明确了大力开展科技创新教育的办学方向,基于对科创教育现状和学校实际情况的分析,"把建构科创教育课程体系、丰富科创课程资源、完善科创课程管理作为要解决的主要问题"。他们的主要做法:① 建设科创课程体系。课程体系是学校育人的实践路线,是培养目标的具体化和依托,它规定了培养目标实施的规划方案。科创教育需要在课程目标的导引下,根据学习对象的认知水平和兴趣点,从生活问题和现象出发,精心选择、组织课程内容体系。学校做好需求调研和设计论证,邀请学科专家、学生、教师、技术人员等协同参与课程体系的设计。② 丰富科创课程资源。积极与高校、科研院所以及科创教育企业开展交流合作,不断吸收前沿科创教育思想,不断拓展课程资源。改建、扩建科创教育的空间,开发"创客空间""工程实验室""创新天地"等一系列功能教室,为学校科创教育的实施提供有力保障。科创教育的实施质量主要取决于师资队伍的质量,因此我们需要从培养校内兼职教师、引进校内专职教师和聘请校外兼职教师三个途径来解决问题。③ 完善科创课程管理。把科技创新教育课程纳入学校课程管理的体系之中,规范实施、科学管理、多元评价,并根据科创课程特点改进管理制度和管理措施,保证科创教育的顺利开展。

上海中学认为,科创课程是否成功,"最为关键的因素是教师"。作为一门快速迭代的课程和不断要接触新兴技术或学科领域前沿知识的项目而言，对于教师的期待和要求也非常之高。他们坚持将教师的发展就和科创课程的课程建设紧密地结合在一起。科创课程的教师应该是学校内最热爱创新的一群人，即他们对于创新最为敏感、最为主动。科创课程的本质，并不仅仅就在于内容选择的多么新、多么前沿，而是这一个项目能够让学生在进入课堂第一分钟起，就能体验到无处不在的创新动能和激情。教师，恰恰是他们的榜样。如果内容是新的，而氛围、教法、学法都是旧的，那么又何来创新？教师要有勇气和雄心，打破传统的做法，作一个在教学、课程设计方面的创新者。教师发展需要吸纳前沿知识。上海中学科创课程中有一类课程，是由研究所、大学的研究员、教授等专家牵头负责，由课题组中的骨干成员进行具体指导。这一类课程是教师不断更新自己知识的最佳机会。对于这样的课程，学校安排内外双导师制，共同辅导学生开展探究或研究活动，同时也让学校教师接触各自学科领域不同的研究前沿。教师发展需要结合课程开发实践。学校更多地将科创课程开发工作交给了科创教师们。对于引入一些外部设计好的课程，学校通常保持比较谨慎的态度。对于比较优秀的外部课程资源产品，即使采纳，通常也需要教师在其上进行二次开发。学校对于教师在课程上的"获得感"非常重视，这是激发教帅投入科创教育热情的保证，也是不断提升自己创新能力和教学能力的重要途径。

（三）关于"创造力"的文献综述

Martins 和 McCauley 在创造力研究中分析指出，多个国家/地区的多份报告强调，科学技术毕业生是经济增长的基础。人们对从事科学相关职业的学生人数较少以及对关键科学学科的兴趣下降表示担忧。世界各地的政策制定者制定了多项措施来解决这些问题。爱尔兰政策制定者支持改善小学（KS1）科学教育的其中一个回应是在 2003 年引入了新的科学课程，该课程强调探究学习和创造力。在小学阶段，爱尔兰课程在这方面明确重视创造力。教师课程指南将科学描述为"一种人类的努力，它依赖于人们的创造力和想象力，因为他们批判性地反思以理解他们的经验"，并强调实践调查和实践的作用进行相应的探索。乍一看，科学似乎并不以富有创造力而著称。但我们不能否认我们一些最伟大的科学创新者是创造性的思想家。尽管科学创造力可能看起来不如艺术创造力所描绘的那样具有创造性，因为它比艺术创造力所描绘的更有形或真实，但这两种形式都借鉴了以前艺术家和科学家对创新的渴望。在定义创造力时，有人认为它在教育背景下可以被称为"心理创造力"，这意味着当儿童构建意义、解释、论点和程序时，他们可以发挥的创造力对他们来说是新的。Beghetto 对创造力有一个类似的定义，并解释了应该如何在科学课堂上促进它：创造力涉及提供新观点、产生新颖而有意义的想法、提出新问题以及针对不明确问题提出解决方案的能力。课堂讨论为学生发展他们的创造性思维技能提供了一个理想的论坛。事实上，教师可以通过鼓励和奖励学生新颖的想法、独特的观点和创造性的联系来支持学生的创造性思维。此外，Beghetto 还建议教育工作者应该采用发散思维策略（创造性想法来自探索多种解决方案），并警告说，如果没有发散思维，学生就无法形成独特的想法，从而限制他们的创造力。在 Taylor 等人的研究中。分析了科学家和教师的观点，大多数人都认为需要激发学习科学的欲望和激发创造力。

016 科创启未来——创教育："科创"综合课程研究与实践

Draper，Freeling 和 Connell SD 从科学家的创造性人格特质出发对创造力进行综述，认为，有创造力的人的特征与科学家的特征之间存在显著的相似之处。一般来说，有创造力的人会被复杂性所吸引；他们接受歧义；他们很自信；他们重视原创性；他们是独立的；他们是自我激励的；他们意志坚强；而且，至关重要的是，他们对体验持开放态度。这种开放性与不从众、非常规思维以及对新想法的接受度有关。

Guo 和 Woulfin 认为，在过去的一个世纪里，创造力在教育领域的作用和突出地位在美国发生了变化。一些学者认为，关于创造力的想法在 20 世纪 60 年代的教育领域最为突出，当时美国教育系统正在经历一场由人造卫星时刻引起的革命。例如，大量的心理测量工作被用来设计旨在识别创造性人才和鼓励技术创新的测试。这些产品最重要的成果之一是发散思维测试的开发。本质上，四个属性——流畅性（回答的数量）、独创性（回答的独特性）、灵活性（回复类别的数量）和拓展性（在特定回复类别中扩展想法）——通常会被衡量。近年来，人们见证了全球教育创造力的复兴。首先，自 20 世纪末以来，英国政府一直在听取由肯·罗宾逊爵士领导的国家创意和文化教育咨询委员会的建议。此外，芬兰现在拥有世界上最顶尖的教育体系之一，高度重视创造力的作用，并为国家的未来精心培养高素质的教师队伍。同样，由于中国旨在促进创新和创造力的自上而下的国家战略，中国关于创造力教育的教育政策发生了重大变化。同样，美国的政策制定者和教育工作者也开始注意到创造力在保持和提高全球竞争力方面的重要性。Rhodes 于 1961 年提出的 4 - Ps 模型是一种可以很容易地应用于教育并与课堂生活节奏产生共鸣的创造力框架。从本质上讲，他认为有四种重叠和交织在一起的因素作为创造力的基础：人、过程、产品和氛围。根据 4 - Ps 模型，第一个 P 是人（Person），它涉及信息，例如，个性、智力、气质、态度、行为以及每个人独有的所有其他元素。第二个 P 是过程（Process），这也许是创造力中最迷人但又最神秘的组成部分。一般而言，过程是指在创造性努力期间使用的活动顺序。第三个 P 是产品（Product），是创意过程的最终结果。然而，它不仅限于可感知的项目，如建筑结构、绘画和发明，还包括其他可以体现为有形形式的创意。例如，反映设计师具体想法的新车创意即使在汽车尚未制造时也可以成为产品。最后一个 P 是 Press，指的是个体周围的生态环境。例如，有许多环境因素可以影响孩子在学校的创造力，如创造性氛围、教学风格、同伴关系、协作、竞争、技术、资源和信息等。

瞿纬认为，科技的发展需要人们丰富的想象力和创造力来达成，创造力的原动力是人们产生为改进生活时的期望并付诸行动的表现。人们的创造力不是一种知识，它是我们的逻辑思维和行为上甚至是感情上的一种表现。我们追求一个有创造力的人生最大的障碍不一定是学识上的局限，更可能是被我们自己的观念与思维方式局限住了。假如创新与创造力是一种大道理的话，"大道至简"就是我们追寻加强我们自己的创造力时应该有的认知。创造力是一种人们的逻辑思维和生活习性，富有创造力的人的思维活动中有比一般人更多的好奇心，这时候梦想（dreaming）、冥想（daydreaming，或翻译成"白日梦""幻想"）、直觉（intuition）、预感（hunch）成为他们思维的工具，他们运用联想把各种条件的可行与限制进行客观分析整理后并寻找出可能的解答。我们的精力有限，我们主观的了解和观察,是有一定的局限和片面的,单一角度的判断是不能达成全面的观照,观察事物必须从上下、左右、前后和深浅来认识和辨知,要客观地跳出成见,才有机会接近真象,科技人追求学识和追求一种富于创造力的智慧同样重要。科技人士非但要有公式化的思维,还要有海阔天空无边无际的想象力,知识是有限的,想象力是无限的,应用无法套公式的梦想、直觉、预感和联想来弥补公式化的思维之不足,创造力的人生是追求一种反复试验不断摸索的过程。

经济合作与发展组织(OECD)的最新研究成果,将创造力界定为"提出新的想法和解决方案",并将创造力所涉及的宏观过程分为相互平行的四个维度:探询、想象、行动和反思,如表1-2所示。

表1-2　OECD创造力维度及其关注点(通用领域)

创造力维度	创造力关注点(要点提示)
探询 (Inquiring)*	● 感知、观察、描述相关经验、知识和信息。(Feel, empathise, observe, describe relevant experience, knowledge and information.) ● 与其他概念、想法建立联系,整合其他学科观点。(Make connections to other concepts and ideas, integrate other disciplinary perspectives.)
想象 (Imagining)	● 探索、寻求和产生想法。(Explore, seek and generate ideas.) ● 产生不寻常的、有挑战性的想法。(Stretch and play with unusual, risky or radical ideas.)
行动 (Doing)	● 以新颖的(对个人而言)方式,进行艺术表演、作品制作、模型开发、解决方案设计。(Produce, perform, envision, prototype a product, a solution or a performance in a personally novel way.)
反思 (Reflecting)	● 反思和评估所选解决方案的新颖性及其可能的后果。(Reflect and assess the novelty of the chosen solution and of its possible consequences.) ● 反思和评估所选解决方案的相关性及其可能的后果。(Reflect and assess the relevance of the chosen solution and of its possible consequences.)

二、理论基础

(一) 综合课程理论

综合课程理论是一种重要的课程理论,它包括了丰富的课程内涵。

从纵向轨迹看,综合课程理论是在不断发展之中。早期综合课程的基本形态包括"相关综合课程"与"经验综合课程"。美国著名教育家杜威认为,教育中的一个主要缺陷是在儿童的经验与教学科目之间横隔一道鸿沟,将二者对立起来。杜威通过把儿童与课程真

＊ Inquiring一词含义甚广,从口头询问到正式调查,从获取信息到与已有知识和经验建立联系等,均有涉及;文献中常将其译作"探究"。然而实践中,"探究"一词大多指向较为正式的、结构化的研究,易忽略非正规获取信息的方法(如"询问")。鉴于此,本书将其译为"探询",旨在关照行为的发生而非研究的规范性。

正统一起来而消解了在二者关系上存在的二元论倾向,确立了现代连续论,而在理论上大大推进了综合课程的发展。不论是老一代的"概念重建主义者",如休伯纳、麦克唐纳,还是新一代年富力强的"概念重建主义者",如吉鲁、阿普尔、派纳,都把批判分科课程所追求的"工具理性"和所渗透的意识形态控制作为对课程领域进行"概念重建"的重要内容。"概念重建主义者"对分科课程的深层反思和批判为综合课程的发展奠定了新的理论基础,这是继杜威之后综合课程理论的又一次历史性进步,这在某种程度上预示着综合课程理论的未来发展方向。在现行的课程体系中,大多数国家的价值观教育和环境教育是通过综合进行的。一些国家在将价值观教育、工作世界的教育、科学和技术、信息和传播技术、健康教育和环境教育作为单独学科的同时,也经常将它们综合进其他学科领域以达到强调的目的,其主要目的是利用生活教育来培养学生的创造力。

从横向比较看,综合课程理论存在不同的流派。这些流派主要有知识中心综合课程论、儿童中心综合课程论、问题中心综合课程论、人性中心综合课程论。它们各有所长,为我国的综合课程理论研究和实践提供了丰富的理论依据。

知识中心综合课程论流派是一种影响最大、至今仍占优势的综合课程理论流派。知识中心综合课程论可以追溯到德国教育家约翰·弗里德里希·赫尔巴特。赫尔巴特针对当时学校里的学科把完整的知识割裂开的状况指出,在校外生活中,这些学科内容几乎看不到它们是各自割裂的,那么,为什么在学校里就不能把它们联络起来呢?他以统觉心理学为依据,提出了教材联络论。教材联络论的基本观点是:在课程中安排各学科时,要使一门学科的教学经常地联系其他学科的教学。这样,教地理时就非常容易显示出它与历史之间的联系;同样,教历史时联系文学而使历史教学更加丰富充实。这是一种课程综合化的主张。

德国教育家哈尔尼斯比赫尔巴特前进了一步。他不仅主张某些学科之间的联系,而且主张将这些学科结合在一起,编成统一的课程。赫尔巴特的弟子齐勒发展了他的教材联络论,不仅主张各学科知识之间的联系,而且主张以某一学科作为联络其他所有学科的核心。这样,他便提出了"中心统合法"。所谓"中心统合法",就是以直接牵涉道德教养的"情操科"(宗教、历史、文学等)为中心,围绕着它,配以自然科学、数学、图画、地理、手工、唱歌等学科,以求得全部学科的统一和结合。齐勒认为,中心学科必须有助于实现教育目的。在教材的排列上,齐勒采用的是"文化史阶段论"。他认为抓住人类文化史的发展阶段,依据这个顺序排列教材,是儿童能够理解的。例如,可以安排小学的第一学年用"格林童话";第二学年用"鲁宾逊的故事"。通过这些童话,使儿童理解关于家庭的一些事情。将这些童话作为自然科,可使儿童理解房屋、平原与森林、衣服和身体各部、太阳和方位、午前和正午、夏季和冬季;在算术方面了解家庭的人数;在体操方面使儿童了解在自然科里学到的身体各部分的运动等。这样便使各学科一致地与中心教材(童话)联结起来了。这样,齐勒以保证儿童人格的统一形成目的,以直接牵涉教育中心目标的学科为核心,以中心统合法为横线,以文化史阶段为纵线,形成了他的综合课程理论。

美国查尔斯·麦克默里和弗兰克·麦克默里兄弟对齐勒的"中心统合法"有深刻的理

解,但是他们并不赞成齐勒的历史中心综合论,而主张地理中心综合论。在现代,知识中心综合课程论者对综合课程的研究更加深入、广泛和具体,看法也更趋全面。学者们对综合课程的编制原则进行了探讨。

日本教育工作者提出了编制综合课程的四条原则:① 课题性原则。综合课程要以知识和经验的现实的课题(主题)为中心加以组织,以问题形式来呈现,通过活动的方式来实施。综合课程要综合学科课程和活动课程的优点。② 生活性原则。即综合课程要加强与社会生活的联系,以使课程实现未来与现实的统一,理论与实用的统一。③ 文化性原则。综合课程既要体现文化性特点,也要兼顾自己与其他学科之间的联系。④ 全面性原则。综合课程的内容要全面,要兼顾 7 种经验:熟练培养语言的经验、发展思维能力的经验、进行科学探究的经验、认识社会问题的经验、发展想象力和鉴赏能力的经验、从事劳动和技术活动的经验、促进身体健康和表现的经验。

在现代,尽管知识中心综合课程论者的主张并不完全一致,但是在以下几个方面却有着共同认识:① 强调学科课程与综合课程的协调配合,以补偏救弊,使二者相辅相成,相得益彰;② 强调综合课程的编制要考虑学生的兴趣和需要,要有助于激发学生的学习积极性;③ 强调综合课程要注重与社会生产、生活的联系,注重解决人类面临的问题;④ 强调学生的活动和探索;⑤ 强调综合课程不仅要使知识整合,而且也要使知识、能力、技能与情意、态度、道德等整合,从而实现认知因素与非认知因素的整合;⑥ 强调综合课程的多样化,主要包括相关课程、融合课程和广域课程等形态。

儿童中心综合课程论发端于美国。美国教育家、"进步教育之父"帕克批判地继承了齐勒的"中心统合法"理论。但是,与齐勒的中心统合法不同,帕克的中心统合法是以儿童为中心进行统合的。帕克认为,儿童应该是被规划和组织起来的学校教育工作的中心,学校课程应尽可能从儿童的自我活动中引申出来和综合起来。帕克专门写了《中心整合法的理论》一书,详细阐明了他的儿童中心整合论。并把他的主张以图解的形式加以直观地表达。帕克设计的综合课程是一个有多个圆圈的同心圆。同心圆的中心是儿童,同心圆的外围分为六个层次。这六个层次从内到外依次是:第一个层次:物质、能源;第二个层次:生物、化学、物理;第三个层次:历史、人种学、人类学、动物学、气象学、天文学、地理、地质、矿物学;第四个层次:阅读、观察、听,第五个层次:说、写、描画、彩色、造型、制作、音乐、姿势;第六个层次:形、数。就这样,以儿童感兴趣的活动为中心,将所有的学科综合起来了。

儿童中心综合课程论的代表人物是杜威。杜威深受赫尔巴特学派的"中心统合论"与"文化史阶段论"以及帕克的理论和实践的影响。杜威主张课程的组织不是多学科地分科并进,而是综合性的课程。他认为"学校科目互相联系的真正中心,不是科学,不是文学,不是历史,不是地理,而是儿童本身的社会活动"。可见,杜威主张的是以儿童的社会生活经验为中心编制综合课程。杜威的学生克伯屈继承了杜威的课程论,主张要把"有目的的活动"作为课程的奠基石,他提出了"设计教学法"。"设计教学法"由儿童决定教学目的,儿童制订活动计划,儿童自己进行活动,儿童自己评价活动效果。这样学科被完全打破,儿童在活动中学习各科知识。

问题中心综合课程论主张以问题为中心编制综合课程,也就是以解决实际问题的逻辑顺序为主线综合有关学科的内容。问题中心综合课程论是社会改造主义教育学派的课程理论。以康茨、拉格为代表的社会改造论者认为,那种以儿童的活动、经验为中心的综合课程,不能妥善地解决社会改造问题。社会改造论者强调教育的目的就在于按照主观设想的蓝图"改造社会"。据此,社会改造论者主张以社会问题为核心,围绕社会改造的"中心问题"组织学校课程。因此,问题中心综合课程是一种以社会为本位的综合课程。问题中心综合课程论者将作为综合课程组织要素的问题分为两大类:一类是生活领域问题,一类是社会问题。佛罗伦斯·斯特拉特迈耶则主张以"生活情境中心法"将生活情境分为三部分,即要求个人能力成长的情境、要求社会参与成长的情境和要求应付环境因素和压力的能力生长的情境。要求以此为核心编制综合课程。另一类是社会问题。这是来源于当代社会各层次上困扰人们的关键性且有争论的问题。一些教育家提出作为组织社会问题课程结构的四个问题:① 现存的是哪一种社会,其内部的主要趋向是什么? ② 如果现在的趋向继续下去,不久的将来可能出现什么的社会? ③ 给个人以价值,你选择什么样的社会? ④ 如果将来的社会不同于人们需要的社会,个人对消除这种差异能做些什么? 问题中心综合课程论者所主张的综合课程的结构十分独特。课程的结构是"车轮状"的。轮子的轴心代表某些关键性问题;轮辐是由讨论、知识和技能的学习、职业训练等组成的各类课程,它们是解释和解决轮轴中关键问题的重要前提和支持;最后是轮胎,它将涉及轮轴问题的所有相关课题统一了起来,使整个"车轮"得到了有机联系。问题中心综合课程论者主张要以预先规定的教材作为基本的教学资料。这与儿童中心综合课程论的主张不同。在问题中心综合课程的设计中,教师事先决定学生需要学习的问题,然后根据问题及学生的水平挑选有关学科的内容构成教材。但是,教材又不是绝对一成不变的,它可以在教学过程中,根据学生的兴趣,在某种程度上作出调整。问题中心综合课程论在综合课程的设计上既强调内容,又强调过程。这与儿童中心综合课程论只强调过程而较为忽视内容是有不同的。但问题中心综合课程论不鼓励学生为了获得知识内容而被动地获得知识内容。

人性中心综合课程论是 20 世纪 70 年代流行于美国的一种重要的综合课程理论。它开辟了综合课程理论研究的新天地。在以往的综合课程理论研究中,其他综合课程理论流派关注的焦点只有或主要是认知因素,而人类认识活动必不可少的重要组成部分——情感或被熟视无睹,或被轻描淡写,很少给予重视,至少没有给予应有的重视。人性中心综合课程论对这种课程研究的"非人性化"倾向提出了批评,提出"课程除了纯粹的智力发展外,情绪、态度、理想、雄心、价值,对于教育过程来说也是应当关注的正当领域,还要发展自尊和尊他的思想意识"。它要求课程要注意培养学生丰富的人性,发展学生的个性。人性中心综合课程论的观点主要是:① 强调知识课程与情意课程的统一与综合;② 强调课程内容与学生心理发展相吻合,与社会现实问题相联系;③ 强调相关学科在经验指导下的综合;④ 强调学生有权参与课程开发的权利。总之,人性中心综合课程论除了强调相关学科在经验指导下的综合,更强调学习者心理发展与教材结构逻辑的吻合以及情感领域与认知领域的整合。尽管人性中心综合课程论在综合课程教材的具体的编制方面并没有什么大的突破，但是，它主张的综合课程要注重情感领域与认知领域的综合无疑拓宽了综合课程研究的视野，给综合课程的研究与开发以新的启示，为综合课程的研究与开发增添了活力。

需要指出的，无论哪一种流派，在当今时代背景下都需要考虑综合课程开发中的基本原则。一方面，文化或学科知识的发展不是相互隔离、彼此封闭的，而是相互作用、彼此关联的。学科的综合趋势非常明显，迄今为止出现了三代交叉科学：第一代交叉科学又称为"边缘科学"，它出现在自然科学领域内，是指两门成熟的科学相互渗透以后，产生出一门新兴科学；第二代交叉科学称为"综合性科学"，它是以特定的自然界的客体作为对象，运用多学科的理论、知识和方法进行研究；第三代交叉科学是自然科学与社会科学合流的产物，比如信息论、控制论、系统论、科学学等等。既然学科发展既分化又综合，那么分科课程与综合课程就都有其存在必要了。不同分科课程之间其区别是明显的，但总存在着一定的内在联系。综合课程并不全然不顾学科逻辑，并不是以牺牲科学体系为代价，而是从某种观点、以某种方式对分门别类的学科逻辑的超越。牺牲了科学体系的综合课程必然是琐碎的、苍白的、无力的、肤浅的。另一方面，学生的心理发展具有整体性。发展心理学和认知心理学研究表明，当学习者与相互关联的观念发生际遇的时候学得最好，因为学习者的心理具有整体性。当今流行的建构主义学习理论认为，当信息渗透于有意义的情境之中的时候，当提供对知识的运用机会和对知识的多重表征的时候，当创设隐喻和类比的时候，当给学习者提供能够使其产生与其个人相关联的问题的机会的时候，学习者就能够进行理想的学习。

（二）STEAM 课程理论

STEAM 课程是一门典型的综合课程，它的理论可以看作综合课程理论的具体化与实用化。为汲取其理论的精髓，我们有必要了解以下若干问题。

1. STEM 教育的缘起与发展

STEM 的源起最早追溯到美国，又被称为"元学科"，它代表科学（Science）、技术（Technology）、工程（Engineering）、数学（Mathematics）四门学科英文首字母的组合，从STS 教育到 STEM 教育，再到 STEAM 大致经历了三个主要阶段。

STEM 教育也可以看作是 STS 教育研究实践的产物，在 STS 教育出现之前，美国的学科也曾是高度分化，极端的学科分化也预示着跨学科融合的开始。因此，在一定程度上STS 教育的实践价值促进了 STEM 教育的产生。

20 世纪 50 年代，苏联的卫星成功升入太空给美国带来了极大的挑战，在国家战略管理发展情况来看，美国认识到大力发展科学技术的重要性。1986 年，美国国家科学基金委员会（NSF）发布《科学、数学和工程的本科生教育》报告，这是 STEM 的首次提出。该报告肯定了 STEM 的教育地位，并为 STEM 教育的发展提出指导性意见，被认为 STEM教育的战略开端，并于 2001 年正式命名为 STEM，被视为美国 STEM 教育的里程碑。因此，在社会发展的压力和对科技人才的迫切需求下，STEM 教育在美国被提出并逐渐发展起来。美国为保持在科技创新与国际市场竞争能处于领先地位,在缺乏技术型与创新型理工科类的人才情况下,培养综合型创新性人才成为美国教育发展的主要趋势,也是STEM教育在形成伊始就受到非常重视的原因。STEM教育最早出现在高等教育领域内,随着社会和教育不断变化,STEM教育延伸到K-12教育领域,被认为是一场自上而下的教育改革。

2006年,美国学者格雷特·亚克门(Georgette Yakmen)提出在STEM教育中加入"艺术元素",涵盖更广泛的领域,包含了人文和艺术,加强对人文艺术的重视,帮助学生用更广阔的视角来认识各个学科之间的联系,培养学生综合应用知识的能力,所以她提出了STEAM教育。"格雷特·亚克门教授对STEAM教育的理解为以数学为基础,通过工程与艺术解读科学与技术。"

联合国教科文组织在第38次教科文组织大会上发布《教育2030行动框架》,在提出"关注教育和学习质量"时,着重的强调提高教育和学习的质量必须要关注教育的创新,而加强文化教育创新就要保证科学、技术、工程和数学(STEM)等学科的发展。迄今为止,STEM教育的发展已经引起联合国以及世界其他国家的重视。我国最早在2007年开始研究STEM教育,《全球化时代美国教育的STEM战略》是我国第一篇关于STEM教育的文章。在此之后,对STEM教育的研究不断扩展与演变。我国在接受STEM教育新理念的同时,也在研究与实践中寻找适合我国教育的STEM教育本土化之路。2017年2月,教育部颁发《义务教育小学科学课程标准》,这是我国首次以科学课为起点,提出关于如何发展实践STEM教育的标准。6月,中国教育科学研究院发布《中国STEM教育白皮书》,启动"中国STEM教育2029创新行动计划",将跨学科STEM教育纳入国家新型人才培养战略。我国江苏省、上海市率先开展STEM教育项目。但是由于我国课程由国家统一要求,传统的学科本位课程由来已久,许多学校和机构并未重视STEM教育,我国的STEM教育仍处在一个理论探索和实践尝试的阶段,因此我国关于STEM课程的开发和实施尚有许多问题亟待解决。

2. STEM课程的概念及其在各类学校的实施

STEM课程在狭义上是指体现科学研究流程或工程设计的整合课程,也包含由科学现象和工程问题衍生出的培养学生创造力的课程;或者指在STEM相关学科中设计了动手环节的小课程。STEM课程强调学生不是从书本中和教师的直接传授中获取知识,不是让学生掌握独立的、抽象的学科知识,而是将知识还原于真实的生活情境,利用整合多种资源来建构学习环境,培养学生解决问题的能力,让学生学会真正的学习。

2011年,美国国家科学院研究委员会发布了《成功的K-12阶段STEM教育:确认科学、技术、工程和数学的有效途径》报告,将STEM教育学校(STEM Focused School)具体分成三种类型,分别为STEM精英学校(Selective STEM Schools)、STEM全纳学校(Inclusive STEM Schools)以及STEM生涯技术学校(Schools with STEM-focused Career and Technical Education)。在这三类学校开始的STEM课程应该是有所不同的,就是在管理各类学校的不同年级段也是形式不一的。

3. 支持 STEM 课程的若干基础理论与技术

1)"道尔顿制"教学

在我国一些学校正在尝试的"道尔顿工坊",其实源于美国 20 世纪的经验。道尔顿制是教学的一种组织形式,又称为契约式教育,全称"道尔顿实验室计划"(Dalton Laboratory Plan)。由美国 H. H. 帕克赫斯特于 1920 年在马萨诸塞州道尔顿中学创行,故得此名。道尔顿制教学简要范式如图 1-3 所示。

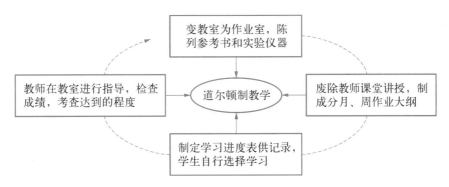

图 1-3　道尔顿制教学简要范式

道尔顿制教育目标是"启发、培养每个孩子的主动性、自律性和判断力,同时促进学生的社会意识及集体价值观的发展"。连续多年,道尔顿学校创造了其毕业生全部被哈佛、耶鲁等名校录取的奇迹。美国《时代》周刊盛赞道尔顿学校为"哈佛熔炉",《今日美国》称其为天才教育的殿堂。道尔顿教育现已成为全世界不少学校仿效的典范。

2)建构主义理论

建构主义是认知主义心理学理论之一,其最大成就者是瑞士学者皮亚杰,在美国有着众多跟进研究的学者和实施的土壤。为此,成为影响美国教育的重要教育理论之一,并影响 STEM 教育的产生。建构主义理论内容很丰富,其核心可用一句话概括以学生为中心,强调学生对知识的主动探索、主动发现和对所学知识意义的主动建构。提出的教学原则包括：使学习任务能有效适应世界;教学目标要融于学生开展有效活动的学习环境;在学习环境中产生真实的探究任务并进行生活化实践;教师要给学生有解决问题的自主权;鼓励学生在社会背景中检测自己的观点;支持学生对所学内容与学习过程的反思并成为独立的学习者。

STEM 教育注重在真实情境中实践、注重自主动手、注重过程体验,正是受建构主义教育理论的影响,希望让学生通过制作自己喜欢的物品,在制作过程中建构起关于科学、技术、工程、艺术和数学的知识。

3)基于项目的学习理论

基于项目的学习(Project-Based Learning,PBL)理论及其应用,主要受建构主义学习理论、杜威的实用主义教育理论和布鲁纳的发现学习理论综合影响而产生。该理论由四个基本要素构成内容、活动、情境、结果。其操作程序如图 1-4 所示。

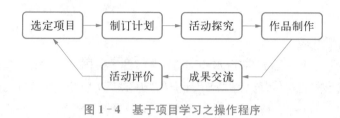

图 1-4　基于项目学习之操作程序

对该理论而言,项目的选择很重要,由学生根据自己的兴趣来选择,教师在此过程中只能担任指导者角色。计划主要是时间安排与任务确定;活动探究是其主体,是学生素养发展的平台;作品制作区别于其他学习活动的标志;展示成果和评价活动是检验。这些都与 STEM 教育的本质属性有相关性。

4) 创客运动

创客运动(Maker Movement)源自美国。最早应该是"自己动手做"(DIY),慢慢地加入更多的科技元素,制作电子设备;之后又融入设计思维,制作样品,不断改进。创客运动的特点,首先是运用数据工具在屏幕上设计,可用桌面制作实验产品;其次是互联网分享、合作而联手创造 DIY 的未来。

自从创客之风吹进学校,结合对科学、技术、数学、艺术、工程的重视,产生了注重实践动手的 STEAM 教学。让学生像"创客"一样投入创造之中,从"做"中"学",拥有自己的作品,同时也拥有创造作品的学习过程。

(三) 探究学习理论

20 世纪 50 年代,美国教育家约瑟夫·J.施瓦布(Joseph J. Schwab)提出了探究学习的理念。他认为,探究学习是指儿童通过自主地参与获得知识的过程,从而掌握研究自然所必需的探究能力。虽然至今教育界对探究学习还没有达成一致的定义,但它作为一种新型的学习方式,已经被许多国家所重视。尤其在综合课程的学习中,它已经成为一种学生学习的主要方式。

探究学习的特征:① 主体性:探究学习鼓励学生充分发挥自己的主观能动性、积极参与探究活动,形成多方面的学习交流,从而创造一种开放、民主的学习氛围。它注重个体体验,将知识的学习看成是认识、情感和人格的综合结果。② 发展性:之所以说探究学习具有发展性特征,主要有两个原因,一方面,探究学习是在活动的模式下进行的,而活动的这种开放性让学生可以充分发挥自由的权利,表现学习的主体性,从而促进个体发展;另一方面,探究学习的评价采取类似于纵向评价的方式,鼓励学生不断超越之前的自我而获得新的发展。学生通过不断进步而拥有越来越多的自信,也就能迎来新的成功,进而提高了内在驱动力。③ 问题性:问题和学习是相辅相成的关系,问题越多,产生的学习活动就越多;产生的学习活动一旦多起来,问题也会自然而然多起来。④ 真实性:学科的知识内容大都来自日常生活,与学生的真实生活较为贴近,探究学习的真实性不仅体现在内容上,还体现在过程中。

探究学习的步骤:一是明确任务,在进行探究学习之前,教师必须先将学习目标和学习内容清楚明白地告知学生,让学生完全理解了此次活动的要求之后再开始。二是分配工作,明确任务之后,教师将全班分成若干小组,指定组长、记录员和汇报员,让学生有条不紊地进行探究学习。三是教师指导,教师需要对整个探究活动起指路导航的作用,并且应该将进行探究学习的过程向学生描述清楚,指导学生如何去做,但不代替他们去做。四是汇报结果,在探究学习的末尾,学生有必要对整个学习过程进行反思,总结做得好的地方和不足之处,同时将学习成果和全班同学分享。五是科学评价,探究学习应该有一套科学和可靠的评价体系,评价标准应该根据学习目的来制定,评价主体、评价方式和评价手段可以灵活地进行选择,其中尤其要注意自我评价与学生互评、定性评价与定量评价的结合。

探究学习理论对综合课程的实施具有一定启示:① 综合课程的学习要体现对问题的探究。问题是学习的起点,由问题入手,学习活动才会激发学生的好奇心,才会启动学生深刻而全面的思考,从而对问题做出假设、判断、推理,寻找理论与证据,进而提出解决问题的思路、方法与结论。这种发现问题、提出问题、解决问题的过程,也就是一条通往创新能力提升的道路。② 要在综合课程中让学生体验学习主人翁感受。学生在这种探究探究学习活动过程中能获得一种主人翁的感受,学生不是被动地接受教师传递的知识,而是自己调控探究学习的进度。学生从中不断挖掘自己的内在潜能,只要智力正常,都可以通过学习提高自己的创新能力。综合课程中活动的探究性,可以使学生在多维发散、多种可能的答案面前显得情绪兴奋、游刃有余而感到有所作为、有所获得。③ 在综合课程的学习活动中可以合作完成探究任务。探究任务的完成,既可以是学生独立思考、自主完成的过程,也可以是由多人参加的合作过程。④ 探究学习活动可以真实展现学习发生的过程。在问题探究过程中,学生将自己的知识、情绪、态度和兴趣等真实地表现出来,有利于教师在观察中发现学生的亮点与不足,及时地帮助学生解决学习中暴露出来的各种问题,巩固知识与技能,提升元认知水平。

(四) 创造力理论

创造力是人类特有的一种综合性本领。创造力是指产生新思想,发现和创造新事物的能力。它是成功地完成某种创造性活动所必需的心理品质,它是知识、智力、能力及优良的个性品质等复杂多因素综合优化构成的。创新是人类文明进步与社会发展的根本动力,也是提升个人竞争力的核心要素。

广义的创造力是几乎所有能够进行创造性思维的人都可以具备的,也是可以通过教育和实践提升的,它包括个体能够利用相关信息和资源,萌发新颖且有价值的观点、想法或创意,形成系统解决方案,产出产品或成果,并对自我、自然环境或社会实践产生积极影响。

创造性思维测评战略咨询委员会联席主席、英国教育专家比尔·卢卡斯(Bill Lucas)教授提出了五维创造力学习模型,它包括想象力、探究精神、自律能力、协作精神、坚持不懈等五个维度。通过恰当的创造力培养项目,学生能够在探究方面,善于在真实情境中提出疑问,探索并形成有价值的问题;对形成的问题展开探索和调查;不迷信权威,挑战并验证可能存在的各种既有认知与假设。在想象方面,保持开放的心态接受各种可能性;形成如何操作和实施的想法,建立各种可能的想法之间的联系;善于在严密的逻辑推理之外,运用直觉探索新的可能性。在坚毅方面,容忍解决问题过程中出现的各种不确定性;敢于直面困难,不轻言放弃;接受并敢于做出与众不同的尝试。在审辨方面,能够通过质疑批判、分析论证、综合生成和反思评估,不断精进自己的创新想法,并吸收他人的创意;形成一套分析、发现、创造的技术;反复加工、凝练,提升创意在实施层面的可行性。在合作方面,积极参与团队建设,形成共同的愿景目标;促进平等参与/平等对话;实现合作共赢。在担当方面,愿意主动了解创新创造对于个体、学校、家庭、社会和自然的意义与价值,关注某些特定领域的历史发展进程及其对老百姓日常生活和国家与民族发展的意义,关心人类与环境和谐相处;形成积极参与并尝试通过创新的改变自身、学校、家庭、社区和自然生活的意愿和使命。

在创造力理论的建树方面,值得一提的是美国学者罗伯特·J.斯滕伯格(Robert J. Sternberg)和他的合作者们的研究。他们努力将全新的创造力研究带进人们的视野里,尤其是创造三侧面模型、到后来的创造力内隐理论等不仅体现出这一学科从理论上进行综合的发展趋势,也体现了创造力研究的实用化、实践化倾向。对于学生在课程学习中的创造力培养具有重要意义。

1986年,斯滕伯格在智力三元理论的基础上提出了智力、认知风格与人格三位一体的创造力三侧面理论。该理论认为,智力是个体运用自身的智力资源的方式或倾向;认知风格可通过智力管理的功能、形式、水平、范围和倾向等来理解;人格是创造性个体所具有的一系列的人格特征,包括对模糊问题的容忍性、愿意克服障碍、愿意让自己的观点不断发展、创造力活动受内在动机驱动、适度的冒险精神、期望被人认可以及愿意为争取再次被认可而努力等七个影响因素。总而言之,斯滕伯格认为创造性个体是智力、认知风格和人格特征的完美结合体,但不是这三个成分的简单相加。创造力三侧面理论是典型的系统观创造力理论,创造力不再是单一维度的智力或人格特质,而是三个维度相联系的整体,并且每个维度都有自己独特的功能和意义。

斯滕伯格还通过聚类分析的方法提出创造力内隐理论,他发现对创造力的解释大致可以归纳为以下四个维度:思想的灵活性,善于综合与思考;具有想象力以及欣赏美的能力,并伴随决策性;判断能力强并具有成就动机和认识动力;善于提出问题并有直觉力。这一理论进一步加深了人们对创造力领域特殊性的探讨和研究。

三、课程理念

"以科创为主题的综合课程的开发"的研究项目是一个区域性项目。联盟中的九所学校只有在共同的课程理念指导下,才可能有效地推进综合课程的开发与实施。

(一)学生为本的课程理念

学生是学校的主人,也是课程开发、实施的主体参与者。无论是课程的目标、内容,还是活动、评价,都要充分考虑学生的需求与兴趣,适应他们的认知特点与规律,调动他们具身认知与创新发展的自主性与积极性。

张江高科实验小学秉持以学生为本的课程理念,坚持"让校园成为师生共同幸福成长的地方"的办学愿景,在综合课程开发中,调研学生学情,了解学生需求,制定课程方案;根据不同年龄段学生的认知发展规律,构建了课程分层目标培育要求,形成成长支架;设置由学生参与的创新素养评价机制,发挥学生自评、他评的积极性;借"智慧校园"项目契机,对校园环境与设备进行了整体规划与建设,为学生建设了一楼大厅"智慧之树"的学习空间、完成了中草药科普实践馆学习区域的设备添置与更新,包括交互式机器人、在线学习服务平台、线上中草药科普实践馆;在运行过程中,观察课程实行情况、学生的接受程度,收集相关经验,发现问题并作出及时地调整。

（二）素养为上的课程理念

新课程标准实施以来,学校课堂教学在新理念引导下发生了较大变化。如何通过国家课程与校本课程,培养学生的核心素养,是教师们近年来和未来共同面临的问题。尤其是综合课程的开发,更是开拓了全面培育学生核心素养的视野与加大了在丰富的课程活动中实现知识向素养转化的可能性。基于这样的认识,我们要将核心素养置于上位的培养目标,牢固树立"课程育人"的意识,始终将培养"全面发展的人"和有理想、有本领、有担当的时代新人放在课程开发与实施的第一位。

祝桥小学"乘风少年"综合课程在实施中着眼于学生的核心素养培养,以"未来航空社区"综合课程为载体,提升课程整体育人的生长力;以学生职业生涯技能发展为核心,提升学生劳技方面素养的发展力;以课程评价为驱动,提升学生自我反观的思辨力。

（三）生活为源的课程理念

陶行知先生说"生活即教育"。生活是教育的源泉和中心,教育不能脱离生活,教育对改造生活具有积极的能动作用。脱离生活的教育是空洞无用的。美国教育学家杜威提出"教育即生活",他认为教育要和社会生活相结合,教学活动应以社会生活为背景,教育应关注学生的社会生活经验和活动经验。"教学情景与生活相沟通,教材内容与生活相联系,教师和学生彼此联系,以教材为中介,共同参与教学活动"的教学都可以是生活化的教学。

周浦中学提出"生活教育"的课程理念,强调在经济全球化的机遇和挑战背景下,培养学生应具备的、能够适应终身发展和社会发展需要的必备品格和关键能力,尤其是生活理解力和生活创造力为主要构成的"生活素养"能力。要倡导积极的、健康的、文明的、绿色的生活方式,倡导劳动的生活方式,倡导更加丰富的精神生活方式,帮助高中生加深对生活、对"幸福美好生活"的认识,从而有助于其心理成长、性格发育,并为其大学阶段的专业选择、职业发展奠定基础。

（四）科创为基的课程理念

当然,每个学校的综合课程的开发取向可以是多元的,但鉴于这次项目研究的主题,综合课程开发的基调与主线应该定位于科创,即主要围绕科学与技术领域来确定学校的开发方向,而具体的途径可以是不同的,有的可以是生活中的科技问题,有的可以是区域发展中的科技问题,也有的可以是环境与生态中的科技问题。

实验学校东校将 STEM 教育、创客教育、跨学科教育、综合实践活动、项目化学习等新型教育理念引入学校综合课程的开发之中。他们认为 STEM 教育理念具有很强的包容性,凸显了符合当前课程改革方向的诸多特征,例如,强调真实问题(任务)情境,强调运用跨学科的知识、方法解决问题、完成任务挑战,强调以项目化学习、探究式学习等基于学生主体参与的学习方式。在这一理念引领下的综合课程开发,有利于学生科学精神、科学态度与科学方法的培养。

(五) 实践为主的课程理念

从某种意义上说,综合课程是以学生实践活动为主的课程。综合课程的主角再也不是作为讲解者的教师,实践活动理所当然是综合课程的主旋律。尽可能地让学生主宰课程的学习过程,应该成为课程实施遵循的一条理念。学生在做中学,可以学到了许多操作技能,培养一双灵巧的小手,从而养成熟练的实践技巧与创造能力。

致远中学坚持倡导"展能教育"理念,以"现实模拟"课程开发为抓手,培育学生的动手技巧与实践能力。"现实模拟"课程着眼现实,面向未来,以现实问题思考、现实情境再现、现实事件体验或虚拟场景现实化,虚拟场景模拟化等途径,让学生紧密结合实际,主动探索,再现重组已有资料,在动手设计中学习,有创造力地解决问题或重生,在学习成果可视化中体验到实践研究的喜悦。

(六) 创造为导的课程理念

正如"创造力培养项目"中指出的,通过教育变革与创新,强化创新型人才培养,为不同潜质学生提供更多发展空间,支撑引领城市能级和核心竞争力提升。为此,要深化上海市基础教育课程教学改革,推动中小学创新创造教育,探索基于情境、问题导向的互动式、启发式、探究式、体验式教学,注重保护学生的好奇心、想象力、求知欲,激发探究和学习的兴趣,提升学生创新精神和实践能力,是落实教育基础性、先导性、全局性的战略地位,建设高质量教育体系、培养创新型人才的重要抓手。基于这样的认识,综合课程开发要以创造力培养为导向,要克服创造力培养"不考试"的功利主义与"难见效"的为难情绪,突破传统课程与教学模式,努力为学生的创意、创新与创造搭建舞台。

周浦小学基于培养具有创造力和创新思维的人的理念,开发"小小设计师"的课程。该课程以创造力培养为导向,着眼于学生想象力的开发,旨在唤起学生创新的意识,并传授学生一些创新的技巧,让学生在今后的工作和生活中能够运用创新思维解决问题,以适应未来工作和生活的需要。

四、课程原则

(一) 目的要义原则

科创课程的目的是培养学生的创造力,课程尊重学生的主体地位,尊重创新能力培养的规律,激发学生创造性,提升学习者的主体性,培养学习者的创新意识、创新能力。充分考虑到时代的特点、学生的需求,适应学生不同性格发展的需要,充分发挥学生的自主性和独立性,充分发挥其主体地位和主观能动作用,能更好地发展学生的特长和个性,培养学生创新能力。

九所联盟学校都有明确的综合课程开发的目标指向，无论是模块课程，还是系列课程，课程建设目的性鲜明，课程实施指向性突出，兼顾与体现了学生个性与学校特色，较好地避免了学校综合课程相互复制而雷同的倾向。

（二）经验整合原则

课程采用横向组织的课程组织类型。改变以学科知识为取向的课程组织形式，采取以素养为取向的课程组织形式，要把课程与区域特点环境、个人经验联系起来。课程只有扎根于学生的经验，才能起到培育人的作用。

进才中学东校的航空创造力课程强调课程的横向联系，其目的是让特定的课程内容与其他课程内容联系起来，让学生能够把所学的知识贯穿起来，以提高综合知识的能力，获得综合经验，从而培养学生的创造力。

（三）统筹兼顾原则

学校综合课程的开发与实施务必要注意统筹兼顾的原则，即处理好几个"结合"：① 点面结合，包括重点开发与一般开发课程的结合、某个学科为主开发与多个学科协同开发课程的结合等；② 科研与教研的结合，课程开发既是科研的过程，也是教研的过程，两种研究力量拧成一股绳；③ 骨干与群众的结合，在课程骨干的带动下，尽可能动员更多的教师，甚至是学生，一起来投入课程开发；④ 校内与校外的结合，立足学校本身的努力，同时争取校外的力量，包括高校、教育科研与教研部门的专家指导，兄弟学校的配合支持，社区有关单位的鼎力相助，学生家长的热心参与；⑤ 国家课程校本化与校本课程综合化的结合，在综合课程的开发过程中，学校始终不能放松国家课程校本化实施的研究，切实提升基础课程的品位与质量，同时将综合课程有序推进、稳步实施，从而将两者有机结合，形成课程育人的强大合力。

九所联盟学校的实践证明，由于按照这一统筹兼顾的原则，正确把握综合课程开发的进程，因此取得了一定的研究成果，开创了课程改革的新局面。

（四）多元评价原则

关注学生在学习过程中的全程表现，用发展的眼光、变化的语言给学生以最真实的评价。重视学生自我评价、同学之间互为评价、家长的评价，评价要以学生为本，体现学生在学习的主体地位和自我价值。要充分借助比尔·卢卡斯教授的创造力评价模式（见图1-5），结合学校情况制定个性化的量表，提高创造力评价的针对性、有效性和科学性。

联盟的不少学校在多元评价方面摸索了丰富经验。例如，张江高科实验小学在课程评价中，以"科创能力培育九大要素（自信心、好奇心、发散思维、聚合思维、批判思维、假设预测、设计方案、动手操作、团队合作）"为基础，将其与学习目标、活动要求相结合，设置创新素养培育要素的量化评价指标，并制定不同水平的表现标准，形成了完整的表现性评价的机制与手段。此外，还通过信息化设备，对评价结果进行积分记录和查询展示，实现过程中的持续性评价，对学生的创造力培养起到了积极作用。

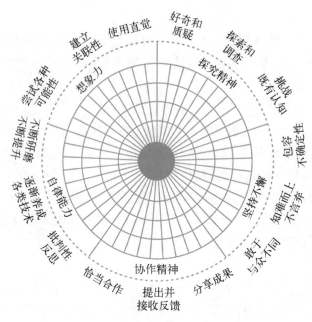

图 1-5　比尔·卢卡斯的创造力评价模式

五、课程开发目标

"创造力培养项目"科创联盟从区域特色出发、依托科创项目学校综合课程,发展出一套指向学生创造力发展的有效方案。各项目校以科创综合课程为载体,基于真实情境开发一系列能够激发学生好奇心、使命感和创造性的驱动性任务,并通过提供多种指向学生创造力培养的学习设计、教学策略、评价量规等,推动学、教、评一体化实施,从而帮助学校在科技创新综合课程基础上实现学生创新能力、教师创造力培养能力、学校创新文化建设三方面协调发展。

(一) 学生创新能力的培养目标

科创联盟依据比尔·卢卡斯教授提出的五维创造力学习模型,将综合课程中学生创新能力的培养目标归为探究与想象、坚毅与审辨、合作与担当三个维度。

1. 探究与想象

在探究方面,善于在真实情境中提出疑问,探索并形成有价值的问题;对形成的问题展开探索和调查;不迷信权威,挑战并验证可能存在的各种既有认知与假设。在想象方面,保持开放的心态接受各种可能性;形成如何操作和实施的想法,建立各种可能的想法之间的联系;善于在严密的逻辑推理之外,运用直觉探索新的可能性。

1) 小学 1—3 年级

(1) 描述问题或挑战的各个方面(如情境、特征、类型、需求等)。

(2) 辨别解决问题或迎接挑战所需的信息(如什么是已知的、什么是未知的等)。

(3) 产生与问题或挑战相关的想法。例如,使用基本的头脑风暴任务列出想法清单或想法网络等。

（4）提出具体的想法和相关的细节。

（5）创建一个想法的工作版本（如模型、原型、试点研究、测试版），以验证假设和特征。

（6）修改过程中的操作和想法，作为对反馈的简单回应。通过提问、尝试新的方法来完成任务或考虑新的想法来扩展理解。

（7）使用熟悉的方法和/或视角生成产品或解决方案。

2）小学 4—5 年级

（1）描述问题或挑战的各个方面（如情境、特征、类型、需求等）。

（2）辨别解决问题或迎接挑战所需的信息（如什么是已知的、什么是未知的等）。

（3）产生问题或挑战相关的多种新想法或方法。例如，使用提供头脑风暴、系统思维分析的策略解决类似问题。

（4）比较研究其他人的想法、解决问题的方法或面对挑战的方法将问题或挑战与其他问题、情况或需求进行解决。

（5）表达各种有效实施所必需的详细过程的想法。

（6）创建和验证产品或解决方案的多个版本（如 AB 测试等）或多个方面。

（7）修改想法和过程，放弃不会带来最终产品或表现的解决方案。

（8）尝试新的方法来完成任务或考虑新的想法来扩展理解。

3）初中阶段

（1）解释问题或挑战的重要性，并确定问题或挑战的界限。

（2）产生与问题或挑战相关的多种的、言之有理的想法。

（3）研究其他人的想法、解决问题的方法或面对挑战的方法，将问题或挑战与其他问题、情况或需求进行比较。

（4）表达有效实施所必需的详细程度及各种明确的想法。

（5）创建和验证产品或解决方案的多个版本（如 AB 测试等）或多个方面。

（6）改进解决方案，根据广泛或一般性的反馈及标准进行复杂的修改，放弃不会带来最终产品或表现的解决方案。

（7）开放心态寻找和考虑不熟悉的想法，在对想法进行彻底探讨之前，暂时放下对想法的评价。

（8）挑战现有的边界、限制或与规范或惯例有关的想法。

4）高中阶段

（1）辨别问题或研究范围，包括结构、约束和限制。

（2）挑战问题的不同的角度或立场，确立研究方向。例如，伦理、文化、社会、政治、经济、系统思考或不同利益相关者的观点等。

（3）评估新想法的可行性，使用各种策略，如头脑风暴、隐喻思维、移情练习、系统思维分析等方法确定解决问题的方案。

（4）表达清楚各种想法及有效实施所必需的详细过程。

（5）创建和验证产品或解决方案的多个版本（如 AB 测试等）或多个方面。

（6）改进解决方案，根据广泛或一般性的反馈及标准进行复杂的修改，放弃不会带来最终产品或表现的解决方案。

（7）开放心态寻找和考虑不熟悉的想法，在对想法进行彻底探讨之前，暂时放下对想法的评价。

（8）挑战现有的边界、限制或与规范或惯例有关的想法。

2. 坚毅与审辨

在坚毅方面，容忍解决问题过程中出现的各种不确定性；敢于直面困难，不轻言放弃；接受并敢于做出与众不同的尝试。在审辨方面，能够通过质疑批判、分析论证、综合生成和反思评估，不断精进自己的创新想法，并吸收他人的创意；形成一套分析、发现、创造的技术；反复加工、凝练，提升创意在实施层面的可行性。

1）小学 1—3 年级

（1）辨别目标受众的详细信息，包括影响最终产品或解决方案的需求和兴趣。

（2）选择适合产品或解决方案的材料/资源。

（3）提供满足任务要求的一般步骤。

（4）完成产品以满足计划的基本要求。

（5）根据反馈和/或量规评估表现和创造的过程。

（6）基于反馈和/或既定标准，为自己的表现设定个人目标。

（7）展现出成长思维（相信通过有效的努力，他或她可以在创造性思维方面变得"更聪明"），以应对挫折和挑战（例如，坚持执行困难的任务，在学习过程中承担风险，接受并使用反馈/批评，适应犯错误，从成长思维的角度解释失败）。

（8）能够在创意获得他人（特别是老师、家长等长辈）认可后仍寻找、选择和使用资源和策略来达到改善创意过程的目标。

2）小学 4—5 年级

（1）将原始的想法变成与目标受众相关的产品。

（2）选择适合产品或解决方案的材料/资源。

（3）提供满足任务要求的一般步骤。

（4）按计划完成产品，满足所有要求，必要时进行更改。

（5）准确地反思工作质量；利用反思反馈来修改想法或产品。

（6）审辨地看待自己的创造的过程（如投入时间和精力、探索想法、需要的支持数量等）。

（7）寻找、选择和使用资源和策略来实现改善创造过程的目标。

（8）展现出成长思维（相信通过有效的努力，他或她可以在创造性思维方面变得"更聪明"），以应对挫折和挑战（例如，坚持执行困难的任务，在学习过程中承担风险，接受并使用反馈/批评，适应犯错误，从成长思维的角度解释失败）。

（9）能够在创意获得他人（特别是老师、家长等长辈）认可后仍寻找、选择和使用资源和策略来达到改善创意过程的目标。

3）初中阶段

（1）有效地将原始的想法转化为符合目标受众需求或兴趣的产品。

（2）有效地整合材料/资源以开发产品或解决方案。

（3）分析产品的组成部分，以辨别清晰、具体、不同的细节和信息的计划。

（4）按计划完成产品，满足所有要求，必要时进行更改。

（5）准确地反思工作质量；利用反思和/或反馈来修改想法或产品。

（6）审辨地看待自己的创造的过程（如投入时间和精力、探索想法、需要的支持数量等）。

（7）寻找、选择和使用资源和策略来实现改善创造过程的目标。

（8）展现出成长思维（相信通过有效的努力，他或她可以在创造性思维方面变得"更聪明"），以应对挫折和挑战（例如，坚持执行困难的任务，在学习过程中承担风险，接受并使用反馈/批评，适应犯错误，从成长思维的角度解释失败）。

（9）使用既定的标准评估创新思维、成果、表现、方法、行动过程的有效性，反复打磨、加工、凝练，提升创意在实施层面的可行性。

4）高中阶段

（1）有效地将原始的想法转化为符合目标受众需求或兴趣的产品。

（2）有效地整合材料/资源以开发产品或解决方案。

（3）分析产品的组成部分，以辨别清晰、具体、不同的细节和信息的计划。

（4）按计划完成产品，满足所有要求，必要时进行更改。

（5）准确地反思工作质量；利用反思或反馈来修改想法或产品。

（6）审辨地看待自己的创造的过程（如投入时间和精力、探索想法、需要的支持数量等）。

（7）描述创造过程中的学习。

（8）寻找、选择和使用资源和策略来实现改善创造过程的目标。

（9）展现出成长思维（相信通过有效的努力，他或她可以在创造性思维方面变得"更聪明"），以应对挫折和挑战（例如，坚持执行困难的任务，在学习过程中承担风险，接受并使用反馈/批评，适应犯错误，从成长思维的角度解释失败）。

（10）能够通过自己设定的标准评估创新思维、成果、表现、方法、行动过程的有效性，不断衡量当前成果与目标之间的距离，反复打磨、加工、凝练，提升创意在实施层面的可行性，不会因为阶段性的成功而停止。

3. 合作与担当

在合作方面，积极参与团队建设，形成共同的愿景目标；促进平等参与/平等对话；实现合作共赢。在担当方面，愿意主动了解创新创造对于个体、学校、家庭、社会和自然的意义与价值，关注某些特定领域的历史发展进程及其对老百姓日常生活和国家与民族发展的意义,关心人类与环境和谐相处;形成积极参与并尝试通过创新的改变自身、学校、家庭、社区和自然生活的意愿和使命。

1)小学 1—3 年级

(1)建立与长期目标相关的日常目标。

(2)描述小组成员朝着小组目标前进的进展(例如,解释小组的成功和挑战,和/或具体策略的使用如何影响小组的进展)。

(3)解释小组中角色的职责和责任。

(4)用清晰界定的期望来履行角色包括领导力(例如,使用预先确定的"工作"要求列表,遵循教师或小组成员的指示或提示,等等)。

(5)解释不同的规范如何适用于不同的情形。

(6)遵循大家共同商定的规范,以确保合作和分享想法(例如,听取所有小组成员的想法,确保等待时间,等等)。

(7)使用策略来以尊重的方式地处理小组内部出现的挑战(如使用"我"语句重新表述他人的想法)。

(8)在言语和行动上设定一个积极的基调(如以积极的态度接受责任)。

(9)为支持小组目标贡献相关的想法和意见。

(10)把他人的想法和自己的想法做比较。

(11)根据具体的反馈对想法和过程进行简单的修改。

(12)以尊重的方式提出反馈(例如,批评工作而不是个人,避免使用负面语言,使用"我认为你可以通过……的做法让这个变得更好""等下次,你可以用……的做法"等等)。

2)小学 4—5 年级

(1)建立与长期目标相关的日常目标。

(2)描述小组成员朝着小组目标前进的进展(例如,解释小组的成功和挑战,和/或具体策略的使用如何影响小组的进展)。

(3)解释完成任务所需的不同的小组角色的职责和责任。

(4)履行分配给自己的各种角色和职责,从而完成任务并达到小组目标。

(5)在界定角色、分配任务和履行责任方面共享领导力(如轮流分配领导角色)。

(6)解释不同的规范如何适用于不同的情形。

(7)遵循大家共同商定的规范,以确保合作和分享想法(例如,带着理解的意图去倾听,确保等待时间,不带评判去倾听)。

(8)使用策略来以尊重的方式地处理小组内部出现的挑战(如使用"我"语句重新表述他人的想法)。

(9)在言语和行动上设定一个积极的基调(如以积极的态度接受责任)。

(10)为支持小组目标贡献相关的想法和意见。

(11)把自己的想法和他人的想法结合起来。

(12)使用熟悉的协议(如师生会议、冷暖反馈、同伴反馈策略)收集对个人工作的反馈。

（13）根据具体的反馈对想法和过程进行有效的修改。

（14）提供与任务的既定标准有关的特定反馈。

3）初中阶段

（1）建立与长期目标相关的日常目标。

（2）描述小组成员朝着小组目标前进的进展（例如，解释小组的成功和挑战，和/或具体策略的使用如何影响小组的进展）。

（3）解释完成任务所需的不同的小组角色的职责和责任。

（4）履行自己的各种角色和职责，从而完成任务并达到小组目标。

（5）在界定角色、分配任务和履行责任方面共享领导力（如在什么时候领导和什么时候跟随之间取得平衡）。

（6）解释不同的规范如何适用于不同的情形。

（7）遵循大家共同商定的规范，以确保合作和分享想法（例如，带着理解的意图去倾听，确保等待时间，不带评判去倾听）。

（8）使用策略来以尊重的方式地处理小组内部出现的挑战（如使用"我"语句重新表述他人的想法）。

（9）促进小组成员之间的妥协以实现目标（例如，整合小组成员的不同想法、意见和视角，并进行协商以达成可行的解决方案）。

（10）在言语和行动上设定一个积极的基调（如以积极的态度接受责任）。

（11）与小组分享疑虑、洞察和资源。

（12）在他人的想法之间建立联系，并以此为基础产生新的独特的见解。

（13）使用协议（如师生会议、冷暖反馈、同伴反馈策略）收集对个人工作的反馈。

（14）根据广泛/一般性的反馈或标准进行复杂的修改或细微的改进。

（15）提供与任务的既定标准有关的特定反馈。

4）高中阶段

（1）描述小组工作的范围和关联性（例如，解释工作的关键组成部分，并说明工作的每个组成部分如何适应整体工作的大局）。

（2）建立与长期目标相关的日常目标。

（3）描述角色和小组目标之间的关系（如解释个人努力如何支持小组进展）。

（4）描述履行各种角色所需的职责和特征（例如，解释哪些策略可以支持不同的任务，或者比较不同角色所需的特征）。

（5）履行自己的各种角色和职责，从而完成任务并达到小组目标。

（6）在界定角色、分配任务和履行责任方面共享领导力（如在什么时候领导和什么时候跟随之间取得平衡）。

（7）解释不同的规范如何适用于不同的情境和个人。

（8）坚持大家共同商定的规范，以确保合作和分享想法（例如，带着理解的意图去倾听,确保等待时间,不带评判去倾听)。

(9) 使用策略来以尊重的方式地处理小组内部出现的挑战(如使用"我"语句重新表述他人的想法)。

(10) 促进小组成员之间的妥协以实现目标(如整合小组成员的不同想法、意见和视角,并进行协商以达成可行的解决方案)。

(11) 与小组分享疑虑、洞察和资源。

(12) 在他人的想法之间建立联系,并以此为基础产生新的独特的见解。

(13) 积极主动地收集与小组目标相关的个人工作的具体反馈。

(14) 根据广泛/一般性的反馈或标准进行复杂的修改或细微的改进。

(15) 提供建设性的反馈以支持小组成员达成小组目标和任务规范(例如,平衡正反馈和负反馈;提出开放式问题;使用"我注意到了……我想知道……";采用"表扬、问题、优化"三步骤等)。

(16) 以适合听众和话题的方式提供反馈。

(二) 教师创新能力的培养目标

学生创造力的培养,离不开教师的创新性教学,有创新教学能力的教师才能培养出有创造能力的学生。"创造力培养项目"浦东科创联盟通过该项目的实施,培养了一批有创新能力的教师,让教学更富有活力。教师创新能力的培养目标如下:

(1) 在课程设计方面,设计对学生有成长意义且有挑战性的真实任务,设定可评估的目标并制定衡量创造力进步和挑战达成的标准,遵循项目学习的活动路径,将教学过程拆解为可操作的程序性步骤。

(2) 在课程实施方面,建立重视合作且安全积极的氛围,以帮助学生接纳创新中的不确定性;运用与创造力培养目标相匹配的教学策略或思维工具,成为学生创造力发展的促进者、组织者和指导者。

(3) 在课程评价方面,围绕学生创造力发展作品档案袋,综合运用学生自我评价、同伴互评、教师评价;在项目结束前,设计并实施对学生有建设性作用的反馈;在项目结束后,基于学生的学习证据,对其学习进行准确的评价。

教师创新能力可以通过课程骨干教师团队的教研活动,通过高频率高质量的学与教互动,采用探究式、启发式、合作式等基于学习科学新型学习方式设计,使教学方式更符合学生的成长与发展规律。而主题式的科技创新项目,会成就一批有特色的创新型教师。例如,实验学校东校"创·生"课程的开发,通过各类"创·生"课程专业培训,能独立开展"创·生"课程教学,能自主开发、实践多个 STEM 项目、心愿课程开发、承担"创·生"课程课题,并通过市、区、集团、学区、校等平台进行"创·生"课程师资培训或经验分享。形成一支学术水平能覆盖物理学、工程学、生物学、人文与社会科学等领域并能承担指导学生进行课题研究的教师队伍;周浦小学则是通过小小工程师、小小建筑师、小小服装设计师三个项目的联动培养了一批多学科融合、跨学科整合教学培养"术业有专攻"的师资队伍;周浦中学围绕"生活教育"让一大批老师成长为生活百事通型教师,从负离子水到新冠病毒消毒剂,再到月球植物生长,这种百事通型不仅仅是专业多样化的百事通,他们在面对不同类型学生时也会创新不同的教学方式和沟通方式,得到各类学生的喜欢。除了百事通型,周浦中学还在城市规划、新型电池、营养健康等领域的项目研究过程中成长了一批专家型教师,满足了一些拔尖型学生的探究需求。

(三)学校创新能力的发展目标

科技创新联盟希望通过"创造力培养项目"形成一批科创特色课程,逐步建设特色教师队伍和良好的办学设施设备条件,提升学校的知名度和影响力,打造面向未来的科技创新的特色学校。

科技创新特色学校要开发出一套具有本地文化特色的特色课程体系,科技创新特色课程既要满足普适性教育,同时强调个性化学习与个性化创造,科技创新特色课程的设计及实施在综合满足这些要求的前提下需要从以下五个方面来加以考虑。

一是区域化。科技创新课程要能够结合区域文化的特性,体现区域化的差异,可以在设计所属学校科技创新课程时加以整合,让学生在课程学习的过程中了解产业相关产品的制作原理、流程、初级技术等,并能实践、创造类似的初级作品原型。例如,周浦中学"能源发展的前世、今生与未来"就抓住周浦位于老南汇的地域特色开展风能、电能、海水晒盐、太阳能电池等项目研究;张江高科实验小学则通过运用中草药知识和技能解决现实问题,提升学校、家庭、社区生活品质的活动,学会通过预测假设和科学验证去进一步了解事物,培育敢于承担,乐于挑战的自信,养成主动关心帮助他人,参与社会生活的意识;明珠临港小学地处中国(上海)自由贸易试验区临港新片区,在科创方面拥有得天独厚的地理优势,学校大部分家长都是高知家庭,所以学校以"少年创客"为主线推动创造力课程建设。

二是特色化。结合学校自身的特长特色,如名校、名师甚至学生团体的特点来设计校本化科技创新综合课程,比如某些学校是以海洋为特色,在设计课程的时候将海洋元素(如船舶、海洋生物、海洋环境等)融入课程,又比如有些学校以航空为特色,可以融入航空技术、安全、运营等元素到课程中去,同时结合教师、学生的特点,如艺术、书法等特长也可以设计到相应科技创新综合课程中。

三是装备化。科技创新综合课程的实施必须要满足大班普及性教学以及个性化教学两种需求,尤其是大班普及性教学,在教学的实施、管理等各方面面临很大的挑战,要求能减轻教学负担、提高教学效率同时保证教学效果,因此课程的实施一定需要教学装备的支撑。

四是课程化。科技教育课程需要将理论教学和实践学习结合成一体,在动手实践创意作品的过程中,同时创新思维训练、协作能力以及分享意识等能在过程中得以培养。同时,校园科技创新教育的开展实施需要与科技创新活动相互结合,将科技创新教育课程的实施与校园科技创新活动相结合,在活动过程中将课程知识教学融入其中,从校园科技创新活动中提炼出好的实践经验整合到校园科技创新课程中,实现校园科技创新活动课程化;同时通过举办校园科技创新活动,如作品展示与分享、工作坊和其他学习活动以及不定期的多种形式的校园科技创新比赛,通过赛事来激发学生创意,提高学生兴趣,巩固科技创新课程实施成果,实现校园科技创新课程活动化。

五是跨学科。科技创新教育课程除了强调课程知识的时代性,特别是技术类课程,更需要与其他学科相融合,以跨学科知识教学理念开展课程实施。随着STEAM教育与科技创新教育辨析的深入,越来越清晰地认识到:科技创新教育就是用跨学科的方式造物。

科技创新特色学校教师要全员普及科技创新基本素养,培养出优秀的科技创新导师团队,打造具有当地学校特色文化的科技创新空间,成为某区域内甚至于全国范围内科技创新标杆学校,依托国际交流平台,参与国际文化科技交流与合作。

要达成以上目标,就要把握科技创新创造力培养项目的基本理念和发展方向,建立以创造力培养为取向的学校教研制度,通过"个人实践反思、同伴交流合作、专业引领创新",指导和支持参与学校项目的教师有能力开发真正能够激发学生创造力的真实情境任务库和一系列驱动性问题;努力在学校管理团队与教师员工之间、资深教师与新手之间、教师与学生之间、学校与家庭和社区之间,创建并营造相互尊重、民主平等、对话协商的建设性伙伴关系,学校管理团队应充分认识到这种新型的伙伴关系是创新与创造的文化土壤;建立健全教师激励系统,将科技创新创造力培养项目成果纳入学校及以上各级部门组织的基础教育教学成果评选范围,鼓励跨学校、多课程形态的教学成果交流,对优秀成果予以奖励,发挥优秀成果的示范引领作用;统筹优化学校社会资源,挖掘尽可以丰富、可利用的各种社区资源,为不同学生任务小组最大可能提供真实场景、可用资源和专家支持力量。

第三节　联盟学校综合课程开发的多元范式

一、范式

科创联盟学校综合课程开发主要采用三种设计方式:一是着眼于课程"群"(系列课程)的设计;二是着眼于课程"项"(品牌项目)的建设;三是"群""项"兼顾的课程开发。

(一)着眼于课程"群"(系列课程)的设计

所谓课程群,就是"以学生特定的素养结构为目标,以发展理念为统领,以综合主题为线索,对性质相近或者关联的课程进行整合、优化、重组,增强课程间的系统效应,体现课程的整体育人价值,形成结构清晰、内在一致、彼此衔接的课程组群"。课程群的关键特征:一是由多门相互关联的课程组成;二是课程群中的课程不是盲目、随意地拼凑而成,而是有整体规划设计,从而形成结构清晰、彼此衔接的关系。科创联盟学校基于"科创"特点,结合各校自身特色,构建了具有科创特色的综合课程课程群。

课程群一般包括学科课程群和综合课程群。学科课程群关注的是学科逻辑,是对学科本质的思考和分析;综合课程群关注的是主题逻辑,是对非学科类课程的组织与重构。前者的基本构成是学科单元,后者的基本构成是系列活动。基于区域综合课程创造力项目的课程设计理念,联盟中的有些学校依照课程群的开发范式,经过几年的积淀,形成各具特色的课程群,如实验学校东校的"创·生"课程群、周浦中学的"生活教育"课程群、进才中学东校的"航空特色"课程群是典型的课程群。这些课程群设计主要是以学生特定的素养结构为目标,以发展理念为统领,以综合主题为线索,对性质相近或者关联的课程进行整合、优化、重组,增强课程间的系统效应,体现课程的整体育人价值,形成结构清晰、内在一致、彼此衔接的课程群。

综合课程群的逻辑主线选择面广泛,组合对象众多,所以综合课程群的设计模式较多。就目前的实践而言,联盟学校主要采用以下几种设计模式:① 理念统领模式。以理念统领是学校进行综合课程群设计时常采用的模式,一般主要在年级组进行整体课程梳理与重组时运用。② 内容关联模式。内容关联模式是通过不同课程之间相似或者有关联内容的查找、分析、组合、优化进行综合课程群设计的方式,主要通过雷同内容的合并、相关内容的联通、衔接内容的进阶等手段,形成结构良好、内容精练的新课程群。③ 问题解决模式。问题解决模式也是学校普遍采用的一种设计方式。其优点是能够针对学校课程建设存的实际问题,有较强的现实意义。④ 学段衔接式模式。学段衔接模式一般常见于九年一贯制或十二年一贯制学校。采用学段衔接模式的优点在于有利于解决各学段、各年级之间课程的割裂问题,使学生有机会进行纵深、完整课程的修习,获得来自此类课程群的持续滋养。

实验学校东校"STEM+"课程的设计(见表1-3)就体现了小学生与中学衔接,一以贯之地关注学生良好学习方式的养成与科学基础素养的培养。

表1-3　实验学校东校"STEM+"课程的设计

学　段	课程类型	课　程　内　容
小　学	小学社团课	探秘DNA、水果电池、火星登陆
中　学	中学必修课	争分夺秒、慧说校园、设计净水系统、水火箭探秘、设计义肢、设计保温箱

进才中学东校的航空特色课程群围绕三个维度展开,注重内涵的提炼,多学科的融合,特色课程的精细化。在本轮课程的迭代升级过程之中,以校长室、学生发展处、学校科技辅导员为核心人员,携手课程教学处、科创工作组以及相关学科老师共同参与,各司其职,各展优势,科学分析,多元融合,获得了比较成熟的经验。

(1)塑内核:坚持综合课程群的理念。基于学校的航空特色发展过程、教师队伍的成熟和学生队伍的成长,以"凌壮志、宽知识、孜探索、会创新"为课程理念,即"凌壮志——远大的理想、宽知识——扎实的学识、孜探索——探索的精神、会创新——创造的能力"。围绕四个维度的课程理念,鼓励师生团队,确立正确的、积极向上的理想;基于多维度的学科知识,敢于创想,敢于实践,敢于突破。

（2）拓边界：创造指向的课程迭代。通过近几年的努力和奠基，学校初步构建了"金字塔"形培育模式。六年级全年级覆盖，开展校本特色航空科普课程。七年级开设各类航空选修课程，包括无人机创客、模拟飞行以及静态模型课程，提供给有兴趣的学生进行选择。各年级开展与航空相关的探究课程，如诗词中的飞天梦、航空食品研究和种植、航空创意艺术、蔚蓝星空专题阅读等探究课程，注重创新能力培养，符合学生个性的发展。这些课程的开设，让前沿的科技走进课堂，提高了学生的科技创新和实践能力。通过几年系统化培养，选拔航模方面有特长的学生进入"进东航模队"，学生的航空素养有了明显的提高，再由专家团队提供个性化指导，代表学校参加各类比赛与航模科普展示活动，成绩斐然。

（3）增效能：要素定向的课程架构。"航空特色"课程作为学校的校本课程，在本轮的课程升级过程中，确定以"创造力培养"为目标设计开发课程。融合开发背景、课程理念、课程目标、课程内容、课程结构、教学方法、评价设计等架构确定课程纲要，初步完成"如何设计未来的飞机""如何让纸飞机飞的更稳更远""如何为飞行员提供可靠的天气预报""如何评估飞行器的飞行状态"的课程结构图和单元设计图谱。课程目标围绕航空科技素养，活动设计注重实践探索，课程评价注重多元评价，以此更好的关注学生个性化发展，激发科创素养的提升。

（二）着眼于课程"项"（品牌课程）的建设

这里的"项"特指一门门独立的课程。着眼于课程"项"（品牌课程）的建设是科创联盟综合课程开发的重要范式之一，也是落实课程群实施效果的重要举措，因为课程群内本身就包含了一门门课程。在课程"项"的建设过程中存在三种典型逻辑：一是学科逻辑，即从学科知识体系结构的角度出发设计课程"项"；二是学生逻辑，即从学生发展需求和身心发展规律的角度出发设计课程"项"；三是学校发展逻辑，即从学校优势和特色发展的角度出发设计课程"项"。同时，我们不难看出各校在构建课程群的过程中，不断打造联盟各校特色的品牌项目，通过品牌项目提升学校办学品质和助力学生创造力的培养。

着眼于课程"项"（品牌项目）的建设，如张江高科实验小学的"中草药智慧种植"项目。该项目大致经历了调研分析、构建框架、实践应用、总结调整等阶段，各阶段环环相扣、相互渗透，构成研究的整体。

首先通过调查研究收集原有的"中草药探究"课程运行中的经验、成果及问题，通过文献研究等途径界定项目中"科创能力培育"这一关键词的内涵，提炼课程中的科创相关要素，形成"学生科创能力培育九大要素"，并将这些要素与课程内容结合，形成课程总体目标。接着，对课程内容进行筛选、改造、重构，从学生视角出发，形成若干个项目大主题与子主题，对活动内容以加强开放性、实践性、多元性为方向，进行再设计，并根据学生的学习意愿，形成了普及型、兴趣型与课题研究型三个层级的课程，供学生选择学习。

在课程评价部分，以"学生科创能力培育九大要素"为基础，根据不同年龄段学生的认知发展规律，构建了分层目标培育要求，形成成长支架；设置创新素养培育要素的量化评价指标，并形成不同水平的表现标准，教师可以将其与课堂教学的学习目标、活动环节相结合,设计表现性评价。此外,还通过信息化设备,对评价结果进行积分记录和查询展示,实现持续性评价。

在环境建设部分,借"智慧校园"项目契机,对校园环境与设备进行了整体规划与建设,现已完成了一楼大厅"智慧之树"学习空间、中草药科普实践馆学习区域的设备添置与更新,包括交互式机器人、在线学习服务平台、线上中草药科普实践馆等等。随后用行动研究法进行两轮研究,第一轮针对原有课程在科创能力培育方面的不足,进行教学内容及教学方式的重新设计,并选择若干个班级进行试点运行,观察实行情况,学生的接受程度,收集相关经验。与此同时,开发建设智慧型学习空间等专业硬件设施。在运行过程中逐步探索,发现问题并作出及时地调整。第二轮做进一步推广,丰富课程库,稳定内容与架构,并适时作出调整与修订。在两轮实践的基础上,通过师生调研,收集信息与数据,总结本项目的实施成效。

(三) 群项兼顾的课程建设

课程"群""项"兼顾的课程建设范式,是基于学校实际情况和为学生提供服务的理念而实施的。不少学校都有课程群这一课程载体,它固然有其显著的育人作用,但要看到这样的事实:一个学校如果除了群课程而没有其他的项课程,就容易出现不能满足学生需求的情况,比如仅仅都是航空科技的课程,有的学生的志向不一定都心系蓝天,做航空人,他们可能其他方面的课程需求。因此,在保持学校特色课程群的同时,开发一些其他的课程,就有其必要性了。致远中学在"现实模拟"偏向于技术类的综合课程群开发的同时,也开发了一些生物、化学方面的课程。梅园小学在开发科创特色实验课程群的同时,还设计了一些与科创有关的阅读、写作、演讲、计算类的课程,从而满足学生的多元化需求。

综上,科创联盟通过构建综合课程课程群,已初步形成了课程开发的多元范式。从联盟各校的实践案例来看,绝大部分课程群设计都是在学校已有课程建设基础上进行的提升和拓展,是在学校已经开发形成众多相对散乱的课程门类前提下进行的后期整合、凝练。也有部分学校拥有课程建设的后发优势,可以跨越各类课程的零敲碎打的初创期,直接进入课程群的顶层设计,根据顶层框架有选择性地开发课程,彼此衔接、逐步丰满、共同推进,形成联盟校课程的整体育人格局。

二、主要路径

(一) 体现结合生活的路径

陶行知倡导"生活是教育的源泉,教育来源于生活,并服务于生活",强调生活教育的一致性,认为生活含有教育的意义和作用,主张教育要与生活实际相联系。对于基础教育阶段的学生而言,课程内容要充分尊重学生的直接经验,通过课程的完整实施,帮助他们对其直接经验进行深度加工,使其形成更深层次的理性思维。多项研究表明,把课堂学习和日常生活结合,开展各种实践活动,丰富学生的成长经验,对提高学生的认知、感受和探究、创造能力很有帮助。教师要根据学生的认知特点和心理特征,开发实施适宜的综合课程,引导学生观察生活现象,学会归纳提炼,获得新知,又将新知利用到生活中去,广泛地应用、实践、创造,真正实现创造力的培育。结合生活,开发综合课程的具体路径有多种。

路径一:选择生活化主题内容,挖掘教育价值

要从平凡、广泛的生活中挖掘出具有教育价值的素材,把那些与学生生活世界紧密联系的事物、现象等引入课堂,让学生们去探索、去感悟、去理解、去判断、去想象……对于学生来说,他们的生活实际是他们能够看得到、听得见、摸得着的内容。因此,我们在走近生活的同时,在选择和设计教学内容时,必须注意以学生的生活实际为基础,遵循其认知规律,进行适当的教材与生活链接,这样,才能引发学生自主探究的兴趣。

例如,周浦中学坚持围绕发展特色,为综合课程实施找准契合点,结合学校实际情况,着力创建"多元立体、有效供给"的课程体系。例如,模块一"后疫情时代食品安全与营养健康"。随着经济的发展,人们餐桌上的食物越来越丰富,对于吃的追求从计划经济时代的吃饱吃好逐渐转变为现在的营养健康。《中国居民膳食指南(2022)》数据显示,6 至 17 岁儿童青少年超重肥胖率高达 19.0%,意味着每 5 个儿童青少年中约有一个超重肥胖。老百姓对健康的饮食和生活方式认识不足、知识不足,吃出来的问题越来越多。《健康中国行动(2019—2030 年)》开出"药方",倡导中小学生学会选择食物和合理搭配食物的生活技能。通过创设情境,结合全民营养周这个契机向学生介绍合理膳食,并推广中国居民合理膳食指南。结合一些数据资料以及研究结果,联系学生已有的知识体系,帮助学生认识到合理膳食的重要性并反思自己的日常饮食是否合理。教会学生读懂食品包装上的营养成分表,让学生在实际生活中能够去关注营养健康的问题,避免了选购食品的盲目性,实现实践能力的培养和情感体验的升华。其余模块包括材料发展与社会进步、人居环境治理与生态环境保护、城市文化记忆与城市文化环境、智慧城市建设与发展等,其实均与现实生活密不可分。

路径二:以真实生活问题驱动,丰富教学内涵

真实生活问题驱动,即通过提出与真实生活有密切联系的问题,师生一起讨论学习活动方式与目标,激励学生主动探究,搜索相关资料信息并自主分析,指引其将学习联系社会实际,以达到解决问题和获得概念原理等知识的目的。

从综合课程的意义出发,真实生活问题驱动的作用如下:第一,培养与提高学习兴趣。只有让学生认识到学习的科学性、趣味性与社会价值,才能使学生学习行为更加持久、高效、深入。第二,让学生在学习过程中感受知识概念在社会中的实用价值。现代社会日新月异,对学生的要求日益增加,既有知识的储备,又有调用知识的能力培养。通过情境创设和问题设计研究,引导学生自主运用所学知识,增强学生解决实际问题的能力,提升学生融入社会的能力技巧,这对学生的成长和个人发展颇有益处。第三,推动教育教学的创新发展。基于真实情境的问题驱动,可以有效提升教师教学质量和水平,创新教师教育理念。

例如,周浦小学的"小小设计师"课程以项目学习为基础,以生活中真实情境问题驱动为核心,激发学生发现问题需要,通过科学探究获得新知识,以工程设计的思想设计规划问题解决的方案,强调通过动手实践来解决问题,并最终体验到解决问题收获知识的快乐喜悦,真正做到让学生在乐中学,学中乐的教育初衷。其中"小小服装设计师"子课程,就

是结合身边旧衣物改造这一生活问题，以社团活动的形式，对参赛队伍的服装进行材质的选择、造型的设计，制作表演的服装，在教师指导下开展"我的环保时装秀"活动；"小小建筑师"子课程，结合周浦镇思政一体化建设契机，以寻访探索的方式，了解家乡。通过游览周浦的"八大红色景点"，绘制家乡特色建筑游览地图，讲解特色建筑的历史，围绕家乡特色建筑进行文艺作品创作，合作设计描绘"我心目中的魅力家乡——周浦"；"小小工程师"子课程，组织学生走出校园，前往张江科技园区、汽车博物馆或嘉定汽车城进行探究活动，带着学习过程中出现的问题和思考去观察、去探究，设计"我心中的概念汽车"。

(二) 体现区域亮点的路径

这里的区域亮点，主要可以理解为所在区域较为显著的经济优势、产业特色与建设项目。学校办学理念的提出、办学特点的形成，与所在区域的亮点不可分割。学校综合课程的开发建设，也可以结合所在区域发展的特色，对区域亮点进行分析后，选择适合学校文化底蕴和学生特点的角度进行深拓，有效利用区域中建设项目和重要产业的优秀资源，为教育教学所用，探索课程建设的特色道路。

浦东在政策扶持下，经过多年发展，拥有六大科创园区："活力四射"中国硬核科技高度集聚的核心园——张江科学城；全国首个以先进制造业和生产性服务业为发展双核心的自贸试验片区的金桥园；以"双城辉映"促进优质科创项目与资本对接的陆家嘴园；打造开放创新、智慧生态、产城融合、宜业宜居的创新之城——临港园；努力打造成"世界的会客厅"的世博园；2020年最新批复新设的张江高新区自贸保税园。本联盟中的多所学校利用了邻近园区的优势，通过多元途径与学校的综合课程开发实施相结合，有效利用区域内物质、文化、人力、环境等特色亮点，拓宽了课程的深度与广度，使课程品质进一步提升。

路径一：举办名家讲坛，引入亮点资源

学校借助区域特色资源，邀请区域内特色企事业单位中的专业从业人员来校开设讲座，将优质资源引入学校，充实特色课程建设。

例如，坐落于浦东新区祝桥镇的进才中学东校，借助祝桥航空城优势资源，以形成祝桥区域"航空特色"综合课程体系建设实践为行动方向，着力推进学校航空特色建设。每学期举办一次以校门口主干道"凌空路"命名的名人名家论坛——"凌空讲坛"活动，迄今为止已举办九期，如表1-4所示。讲座内容涉及坚持中国飞天梦的坚定信念、中国大飞机的创造过程、航空人的心路历程，每一场的活动，都给全体师生带来极富意义的感悟，激励学生树立筑梦凌空的远大理想。

表1-4 进才中学东校"凌空讲坛"活动安排

时 间	内 容	主 讲 人
2017.9	"凌空讲坛"第一讲	上海交通大学航空航天学院吴俊琦老师
2017.11	《不忘初心共铸青春魂魄、继续前行共建美丽中国》	国际级试飞员徐勇凌大校

续　表

时　间	内　容	主　讲　人
2018.3	《大飞机 C919》	中国航空博物馆江东教授
2018.5	"凌空讲坛"第四讲	上海商飞发展规划部高级主管苏星波
2018.12	《志在蓝天——我爱祖国的蓝天》	"八一"飞行表演队原副队长张信民
2019.5	《试炼蓝天,圆中国民机梦》	中国商飞民用及试飞中心试飞员张健伟
2019.12	《努力奔跑逐梦飞翔》	中国商飞试飞中心乐娅菲书记
2020.12	《青年蓝天梦,青春中国梦》	中国商飞民用试飞中心优秀青年
2021.5	《六问:虚拟试飞》	中国商飞试飞中心试飞工程师王翊

路径二：建立交流平台,拓宽学生视野

学校与区域内特色企事业单位建立合作交流平台,支持学生参与相关实践体验活动,拓宽视野,丰富学习经历。例如,祝桥小学充分利用地域优势,开发以国家课程为核心,"航空礼仪"课程为统领,以"航空知识"课程为基础,"航空科创"课程为创新,"航空育德"为保障的"乘风少年"系类综合课程,与社区、村居委形成联动机制,搭建活动平台,共同支持学生深入社区参加各项实践活动。在"航天礼仪""航空德育"微课程中,牵手浦东国际机场、商飞总装基地,商飞试飞基地等有着浓浓航空元素和未来元素的各大企业进行实地参观,职业体验,志愿者活动等,这些都是丰富的校外课程资源,学生的学习不仅限于学校的空间,他们走出教室,走出校门,走进场馆、走进社区。创新实践丰富立体,创意火花瞬时点燃,向着培育思维创新学子的目标而去,学校育人品质和创新实践能力全面提升。探索建立全面实施以航空社区为基础的创新思维育人模式的长效机制,开创家庭、学校、社会合力育人的良好局面。又如,进才中学东校推荐学生参加上海航宇协会组织的土耳其太空夏令营。并于新学年开学时,通过《今日我主讲》活动,让三名学生回顾土耳其太空夏令营活动,着重分享了他们在国外的课程和实践活动,让台下的学生们羡慕不已。在这个平台中不仅让三名幸运入选的学生打开眼界,同时将所思所悟传递给了校园内的同学,营造了良好的航天梦想氛围。

路径三：合作设计课程,形成共建机制

除了"请进来"和"走出去",学校与区域内特色教育单位紧密合作,共同设计相关课程,邀请专家定期指导相关课程、竞赛等,形成共建机制并常态化运行。有的学校一直以来与上海高校、博物馆合作开发课程。例如,进才中学东校与上海交通大学航空航天学院紧密联系,共同设计相关课程,定期组织师生开展各种实践活动。又如,张江高科实验小学与毗邻的上海中医药博物馆建立共建合作关系,联合设计实施的"小小讲解员"主题社团活动每年定期举行,既有科普讲解员的培训交流活动、"百草园寻宝"草药识别活动,也有"神丹妙药动手做"中药加工制作活动、药物识别分类活动等。

（三）体现资源优势的路径

新一轮的国家基础教育课程改革提出了课程资源这一重要概念,所谓课程资源是指富有教育价值的、能够转化为学校课程或服务于学校课程的各种条件的总称,可以分为校内课程资源和校外课程资源。社区教育资源是校外课程资源重要组成部分,它与校内课程资源的联系十分密切。一方面,社区教育资源是学校课程取之不尽、用之不竭的原材料,是实施综合课程的前提;另一方面,社区教育资源通过综合课程等形式的开发,成为学校课程资源,可以充分发挥其教育效能。显然,社区教育资源的开发与利用,目的就在于打破学校和社区的隔阂,使学校与社区之间的围墙由"有形"成"无形",从而增强学校教育的开放性。学校综合课程利用优势资源的路径主要有以下几个:

路径一:文化资源的利用

文化资源是指人们在社区这个特定的地域性社会生活共同体中长期从事物质与精神活动而形成的历史传统、风俗习惯、地方语言、行为规范、生活方式以及社区成员的心理特质、价值观等,是一种无形资源,可以成为综合课程的素材或来源,并以显性和隐性两种方式来影响学生的社会化程度。

有需求的学校,可以与社区中教育教学相关单位通过签订共建协议、建设研究共同体、课程开发团队等方式,发展良好的合作关系,使这些单位在教师培训、学生实践等方面提供有力支持;同时,还可以和与课程内容相关的非教育教学单位,如企业、公司等,进行交流,以"请进来"和"走出去"两种方式带领学生参观、实践、探究,建立丰富的社区资源宝库。

例如,致远中学作为上实浦东教育集团成员校以及金杨学区成员校,很好地利用了集团和学区的文化、教育资源和办学力量,在课程建设中充分利用集团理念和集团资源,致力于校社融合,坚持以学生发展为本,充分发挥学生的智慧潜能,充分尊重学生的个性发展,积极构建有助于全体学生个性发展的"创新、展能"的致远课程体系,借助实验学校东校生物小组等多方力量与资源,开设学生创新小课题,多个课题获得市级区级奖项。致远中学 2019—2020 年学生创新课题如表 1-5 所示。

表 1-5 致远中学 2019—2020 年学生创新课题

编号	姓　名	年级	项　目　名　称	途　径
1	吴朋哲	初二	基于缩减输液器体积的便携式手环输液器	海大附中航创联盟
2	滕思齐	初二	预防大型车内轮差发生事故的翻转后视镜	
3	袁乐阳	初二	全自动智能花盆设计	
4	刘飞阳	初二	抛撒式救生艇便携式维修装置	
5	曾宪航	初二	墙面除霉清洁机	
6	余思辰	初二	仙人掌纤维包装袋	

编号	姓　名	年　级	项　目　名　称	途　径
7	姜雨萌/ 夏宜阳	预备/预备	上海康桥生态园蜻蜓种类与水生态研究	实验东校 生物小组
8	李轩祺	预备	以大蒜皮为主原料制作抗菌抗氧化食品包装材料纸的设想	学生自主 探究课题
9	赵若瑶	预备	人工智能在青少年心理健康监测中的应用	
10	黄絮丹	预备	人工智能雨量预测系统设计方案及应用	
11	丛其蓉	预备	空间穿梭使者	
12	谢卓廷/ 孙佳玮	初二/初二	"雨"你同行,"吸"水长流—不会造成视觉盲区的新型"雨刮器"	
13	沈思哲	初三	老年人的电动购物车	
14	李文博	预备	声控感应垃圾桶	
15	郑榆	预备	智能口罩消毒机	
16	黄絮丹	预备	防疫卫士	
17	徐米特	预备	体温口罩	

路径二:人力资源的利用

人力资源是指社区内在知识、技能等方面有专长的人及具有一定社会影响的群众组织,包括社区工作人员、企业界人士、各领域专家学者、离退休干部、学生家长以及社会各界的先进人物、知名人士和各种社区组织,它以个体人或具有某种共同目标的群体为载体,不但可以成为课程的素材或来源,而且还可以影响课程实施的范围和水平。

引入社区人力资源,让专家学者、专业人员、家长等各行各业从业者成为学生的"编外教师"。一方面他们可以向学生普及知识,介绍最新学术前沿问题,开阔学生视野,另一方面,学校也可逐步形成校外专业团队参与学校管理、课程开发等工作的机制,让这些专业从业者也可以对学校课程的开发和实施进行深入研究和理论指导,提高课程的科学性、专业性,使学校课程建设可持续发展。

例如,致远中学建立"家长大讲堂创新课程"资源库,邀请有专长、有意愿的学生家长为学生开设创新课程,定期开讲,三方合力,家校社共建,为学生创新意识的提升提供了有效的支持与协助。2020学年第一学期家长大讲堂创新课程如表1-6所示。

表 1-6 致远中学 2020 学年第一学期家长大讲堂创新课程

序号	班级	学生姓名	家长姓名	课程名称	备注
1	预备(1)班	袁梦	袁建	信息科技与日常生活	40 分钟（讲解）＋20 分钟（答疑、交互）
2	预备(2)班	刘禾悦	刘钦	智慧城市是个啥?	1 小时左右
3	预备(2)班	邹佳宜	邹晓春	科技改变生活	40—60 分钟（有互动）
4	预备(3)班	郭卓程	瞿雪丽	大话 5G 移动通信	40 分钟左右
5	预备(4)班	周雨诺	周海锋	芯片的故事	1 小时
6	预备(4)班	王冠翔	王鹏飞	从比特币到区块链技术	1.5—2 小时
7	预备(4)班	张沐恩	张少帅	人工智能的过去、现在和未来	1 小时
8	预备(5)班	夏嘉辉		走进药品说明书	
9	预备(5)班	张家豪	张铁英	趣谈手性药物	30 分钟
10	预备(6)班	黄絮丹	黄华明	聪明智慧的交通信号灯（面授、演示互动）	60 分钟
11	预备(7)班	金誉泽	金琦	世界上救活最多人的海姆立克急救法（有现场演示）	50 分钟
12	预备(7)班	郑若水	郑兴峰	各式各样的船舶	45 分钟

路径三：物质、环境资源的利用

这类资源主要包括自然的山川河流、风土、动植物等，也包括人为的为了保存和展示人类文明成果的公共设施，如图书馆、科学馆、历史博物馆、名胜古迹等，它们以具体事物的形态存在，通过学校的组织开发，能丰富学校综合课程的资源。

对这类资源的开发利用，既可以通过组织集体的体验实践活动，打开师生的视野，拓宽知识面，也可以由教师根据实际教学需求，因地制宜地设计和实施活动。例如，张江高科实验小学的"中草药探究"课程，专门辟出社会实践板块，师生共同徜徉在中医药大学的"中医药历史博物馆""中医药百草园""中医药标本陈列馆"。在那里观察中医药大学的镇馆之宝、了解历史上著名的中医学者、参观中医药馆、针灸发展历史，对中医有了更深刻的认识。在上海孙桥现代农业开发区，学生们惊奇地发现，原来经过科学技术的栽培，瓜果可以长成这样；亲眼见到校本课程里的灵芝，还有专人为大家介绍灵芝是如何栽培和生长的，以及野生和栽培的灵芝的营养价值和药用价值、功效。一次小小的社会实践活动，短短的时间，带来的震撼远非书本知识科比。学生在活动中自主、灵动地参与，知识的学习变得鲜活而又生命力。在学习植物中的中草药——"蔬菜中的中草药"这个篇章的时候，教师带领学生走进学校附近的蔬菜生产基地，实地进行学习观察，让学生对蔬菜作进一步地了解和接触,感受蔬菜的样子、了解它们的营养价值,真正学会认识蔬菜、辨别蔬菜、知道其营养,影响日常生活并得以指导日常的生活。

（四）体现学校特色的路径

学校特色可以包含办学思想、教育传统、校园文化、设施环境等多个层面,课程是先进教育理念的载体,课程开发如能基于学校独有的办学理念,鲜明的校园文化和宝贵的特色资源等条件,可以更加突出综合课程基于学生直接经验、密切联系学生生活等特点。因此,通过何种路径开发建设适合学校实际的综合课程,可以推进学生创造力培育进程,提高课程实施水平,体现学校办学特色,是我们思考、实践、研究的重要课题。

路径一:基于文化和教育传统,开发综合课程

学校文化和教育传统是一所学校多年的积淀,是从学校内部不断培植的,需要一点一滴的经营和积累。深厚的文化底蕴和教育传统,是培育人才的"沃土肥园",在此基础上开发建设综合课程,不仅能为学校教育增添丰富内涵,也反映出学校教育工作的层次性、科学性和长效性。

例如,梅园小学建校于1880年,前身是培儿教会学校,以"儿童研究"为核心,以"脑科学"研究为切入口,讲究精致办学,在继承光荣历史的同时,不忘创新,勇敢创造,从办学传统与特色出发,以培育学生创造力为基点,以"知识的深度与广度相平衡,知识内容与社会发展相衔接"为原则,构建适合学校发展的校本特色课程,形成了以学科课程、个性课程、少先队课程为框架的学校课程体系。课程实施突出"基础性"和"全面性",为学生成为有创新精神、创新意识,掌握创新思维的方法和技能,形成具有综合能力、国际视野和创造性人格打下基础。

路径二:以办学理念、育人目标引领,建设综合课程

学校课程建构的起点,应该是学校的核心理念,因为它能体现学校的价值取向,是课程开发建设的灵魂。将课程内化于学校的办学理念和育人目标之下,通过以育人目标为统领的整体规划、统整和实施,形成基于学校教育哲学,符合学生成长需要,遵循学科认知规律和适应社会发展需求的课程体系,是建设综合课程的一种可行方式。

明珠临港小学利用地处中国(上海)自由贸易试验区临港新片区的地理优势、高知家庭多,对创造力教学理念认同感强、学校本身科创资源和空间丰富的特点,以创造力教育为中心,以点串线,以线带面,以面成体,在全学段开展一系列创造力课程(见表1-7),切实培养师生创造意识和能力,并通过课程研究迭代,不断提升品质。

表1-7　明珠临港小学创造力课程2.0体系

年级	板块	主　题	内　容　简　介
一年级	玩转拼搭营	垃圾拾取器	整个活动是让学生运用杠杆结构制作一个个性化的方便拾取地面垃圾的工具。通过本次活动,让学生感受日常道路清洁和拾取垃圾的辛苦,养成保持环境卫生的良好习惯。

续　表

年级	板块	主　题	内　容　简　介
一年级	玩转拼搭营	重力动能小车	整个活动以积木搭建的小车为载体,围绕着探究重力与动力的相关活动展开。通过本主题的探究活动,学生能够体验能量之间互相转换和影响的过程,感受能量转换的奥秘,产生探究的兴趣。
		花与蜜蜂	整个活动以设计花与蜜蜂的情境为主,提升学生创造力,再通过小组合作利用积木把设计图搭建出来,提升学生自信心。
二年级	科学与思维	青蛙的一生	通过观察和交流,了解青蛙发育成长的不同发展阶段,并了解不同阶段所具有的不同特征。根据青蛙特征设计图纸,通过小组合作完成搭建,进行模拟青蛙。
		闪光蜗牛	通过设计蜗牛图纸,根据图纸进行搭建,通过电脑编程,让蜗牛进行不同颜色灯光闪烁和音乐设置。
三年级	图形化编程	迷宫游戏	整个活动使用图形化编程软件 Scratch,围绕设计一个个性化的迷宫游戏展开。学生在探究活动中经历整个探究项目的计划、实施和汇报的过程。不仅增长了相关知识与技能,更重要的是体验了探究的过程、学会了探究的方法,提升了学生沟通、收集、筛选和处理信息等各方面的综合素质。
		表情制造机	整个活动使用图形化编程软件 Scratch,围绕生成各种脸部表情展开,让学生了解表情和眼睛、壁纸、嘴巴有比较紧密的联系。学生在探究活动中经历整个探究项目的计划、实施和汇报的过程。不仅增长了相关知识与技能,更重要的是体验了探究的过程、学会了探究的方法,提升了学生沟通、收集、筛选和处理信息等各方面的综合素质。
四年级	科学与工程	齿轮	整个活动以积木搭建的搅拌机为载体,围绕着探究"齿轮"的秘密展开。学生在探究活动中经历整个探究项目的计划、实施和汇报的过程。不仅增长了相关知识与技能,更重要的是体验了探究的过程、学会了探究的方法,提升了学生沟通、收集、筛选、科学实验和处理信息等各方面的综合素质。
		爬坡小车	本单元主题活动主要围绕电动的机械作品展开,学生在本单元活动中将使用乐高 9686 套件中的电池盒、马达等电器元件,综合之前已经学习掌握的结构和机构的知识,搭建电动机械作品。
五年级	人工智能	会跳舞的小飞	主题以机器人为载体合作探究编程的秘密,活动围绕着"编写跳舞机器人程序"展开。
		走迷宫的小飞	主题以机器人为载体合作探究编程的秘密,活动围绕着"编写巡线程序"展开。

续　表

年级	板块	主　题	内　容　简　介
拓展提高	结构模型	深海打捞	本项活动以基于学生自主探究的综合实践活动《深海打捞》为载体,探究深海打捞装置的主要步骤,完成深海打捞器模型。最后开展项目交流分享会,提升对深海打捞工作的专业认知,培养创新能力。通过这一个完整的主题探究活动,增长相关领域的知识与技能,更重要的是体验了探究的过程、提升学生的探究意识与创新意识。
		小鸟的家园	了解鸟类科普常识,制作小鸟的家与喂食器。通过制作小鸟的家园,提升观察和设计能力,加强鸟类保护意识。

路径三:利用校园环境建设契机,优化综合课程

育人离不开环境。校园环境中所包括的建筑、园景、道路、教室、图书馆、各类设施设备等,并不是孤立单一的存在,还可以成为课程的重要载体、不可或缺的组成部分。因此,在建设和优化综合课程时,可以将校园环境建设,包括设施设备建设纳入考虑范围,将环境于课程构建成一个整体,更好地实现课程育人功能。

例如,张江高科实验小学"中草药探究"项目面向学生的调研显示,学校已创设了若干中草药探究学习空间,但展示和活动覆盖的学生面还不够广,此外,学生在校外、社区或家庭中,缺乏相关的环境和资源,持续学习受限。为改进这一状况,学校一是利用"智慧校园"项目建设契机,设置中草药展示与活动专门区域;二是开发和推进线上中草药科普馆(一期)运行。如今,一到课余时间,学生就带着自己的二维码钥匙扣,来到这里"打卡",许多学生进入国粹传习站,根据"资源检索流程"在信息检索舱收集探究资源;和同学在互动实践舱和智能竞答舱一起比拼中草药知识水平;或是选择感兴趣的中草药标本,读一读同学的探索经历。在"线上中草药科普实践馆"这个虚拟学习空间,开发了趣味游戏,让原本枯燥的中草药知识变得妙趣横生,还准备了丰富翔实的中草药科普知识,拓宽学生的知识面。

三、课程设计与实施

(一) 课程设计的一般流程

为了更好地将相关学科的教育内容有机整合,提高学生科创能力,联盟学校通过理论学习与实践探索,项目团队共同研课、磨课,研讨等过程,以课例作为抓手,对有关教学规范、教学方法、教学策略的进行提炼总结与运用演绎,各校形成了具有本校特色的课程设计方案。在设计之初,各校调研访谈,收集学生感兴趣的问题,分类归纳形成几个大主题。梳理主题内容,在每个大主题下提供若干子主题,作为可选择的研究方向。通过跨学科团队研讨,确定每个子主题的核心问题,核心知识概念,与各学科的分年级学习要求以及不同年龄学生的思维和实践能力水平比对,综合考虑安排适合各年级的各个子主题。师生

也可提出新的子主题,经审议后纳入相应序列中。

　　在不断的沟通与磨合中,联盟学校对原有项目设计进行调研和分析,发现了一些问题:有些任务设计为活动而活动,核心学习目标不明确;有些学习内容与学生实际生活关系较远;一些活动设计过于理想化,实际实施效果不佳;等等。联盟学校设计了改进方案,关注与体现了"问题解决"导向、实际生活情境创设、活动内容的合理性与开放性。对学科学习中的生成性问题,进行筛选,捕捉具有跨学科探究价值的学习主题,将核心问题、核心知识概念与创新素养培育要素相结合,基于学生的兴趣和实际学习需求,精心设计活动目标,设计活动内容。充分考虑学生的能力水平,在活动中提供丰富的学习支持(学习单、资料查阅、调查方法、实践方法演示等)。还有一些主题,学生虽然感兴趣,但是活动设计或者与学生生活关联不大,或者缺乏挑战性,缺少持续探索的动力。对于这样的情况,各校对课程进行了再次改进,联系生活,把"假问题"变"真问题",站在学生立场,设计兼具"趣味性"和"挑战性"的任务。

　　周浦小学综合课程设计的时间节点及完成的课程设计目标如表1-8所示。

表 1-8　周浦小学课程设计时间节点

阶　段	周　次	目　标
第一阶段 2020年5月 完成小组成员组建及对项目的研讨。	5月第1周 组建项目组团队	组建项目组团队,了解课程设置内容和目的,提高参与积极性。
	5月第2—4周 项目内容研讨	成员分工做准备;对各子项目思路上进行完善。
第二阶段 2020年9—10月 项目内容确定,完善项目整体构思和各子项目设计。	9月 项目确定	通过查阅资料,专家指导,各项目组明确项目实施内容和成员的分工。
	9—10月 深入研究、分组研究	分子项目小组研讨并设计课程实施内容,撰写教学设计。由课程特聘专家进行指导修改。
第三阶段 2020年11月—2022年11月 各子项目结合快乐活动日、社团活动实施项目课程内容,进行中期反馈评价,调整。	11月开始 着手课程实施子项目1	结合快乐活动日、社团活动,实施课程内容。
	12月 子项目实施进展汇报	各子项目团队进行课程实施情况汇报,了解学生参与情况,调整课程实施策略。
	2021年1月 反思与项目方案改进	根据各子项目交流的问题和想法,明确列出问题,整理后提交专家进行指导,并改进。
	2021年3月起 继续项目实践	各子项目根据改进意见调整课程实施策略,继续实施课程内容,及时发现实施过程中的问题。
	2021年5月 项目部门内容展示研究	各子项目结合课程实施内容,研究部分成果评价展示活动。

阶　　段	周　　次	目　　标
第三阶段 2020 年 11 月—2022 年 11 月 各子项目结合快乐活动日、社团活动实施项目课程内容,进行中期反馈评价,调整。	2021 年 6 月 对第一学期项目课程实施部分内容进行评价展示	利用学期末综合素质评价活动,对参与项目活动学生对作品进行展示,并对其参与活动情况进行评价。
	2021 年 9 月 制订本学期项目实施计划	各子项目小组研究本学期项目实施计划。重点推进子项目 2、3。
	2021 年 10 月—2022 年 1 月 推进项目实施	实施课程内容。
	2022 年 1 月底 反馈项目实施过程中的问题	阶段反馈课程实施情况,学生学习情况。调整相应课程内容。
	2022 年 3—6 月 继续推进子项目 2 实施	继续实施课程内容,做好问题反馈与总结。
	2022 年 9—11 月 推进子项目实施	推进课程实施内容。
第四阶段 总结阶段 2022 年 6 月—2023 年 3 月 对项目进行总结	2022 年 11 月底 总结各子项目实施情况	结合学校年度总结会议,各子项目进行分别汇报展示。
	2022 年 9—10 月 整理汇总项目材料	整理汇总项目课程材料,完成各子项目工作总结报告。
	2022 年 11—12 月 项目教学案例汇总	对各子项目课程实施的教学案例进行汇总。
	2023 年 3 月 《基于 STEAM 理念的"小小设计师"课程创造力研究和实践》成果及项目总结报告	完成总课程项目的报告。

　　周浦小学课程设计流程规范有序,研究过程扎实。各联盟学校亦是如此,经历了项目研讨、项目设计、项目内容实施与评价等过程。在项目推进过程中不断改进,不断完善,精益求精,最后呈现出较为完善的课程实施内容与方案。

　　(二)课程实施的具体要求

　　联盟学校聘请校外专家团队与校内项目骨干教师共同耗力打造了符合各校特色的课程内容。围绕核心课程,各校配套丰富的突出创造力培养的实践活动,包括基于本学科的学习、基于研究型课程的学习、基于实践活动、基于学科联动的活动等。通过多方探讨,各校制定具体的课程实施要求,包括课程课时安排、课程对象、场地资源、授课教师以及课程活动等等。

　　因课程内容与形式的不同,时间尺度长短不一,体现课时安排的合理性。联盟学校基于本校的综合课程内容与课程形式,设置不同课时安排,有的课程是跨学期,甚至是跨学年的,例如,祝桥小学,展文明规范,做"毓秀"少年——"航空礼仪"微课程,开设58课时;寻航空历史,知过去未来——"航空知识"微课程,开设48课时;聚"毓秀"小创,绘蓝天白云——"航空科创"微课程,开设58课时;承航空精神,做时代新人——"航空德育"微课程,开设51课时。有的学校的课程以一个学期为周期,一般在10—18课时,有的微课程只有3—5课时。

课程对象考虑学生的年龄特点与个性差异,体现课程学习的适切性。联盟学校针对不同年级的学生需求和基础,确定课程的难易程度,有针对性地对不同年级设计对应的课程。同时对于同年级段的学生,根据学生的兴趣、爱好和特长,有针对性地设置适合他们的课程。例如,实验学校东校设立的STEM项目、心愿课程开发、承担"创·生"课程课题。STEM+系列课程目前面向四、五、七年级学生开放,其中四、五年级以学生社团方式开展,七年级则为全体学生必修。科技类心愿课程是本着"因材施教"的原则,面向中小学社团类学生开设,这类课程实施对象是一部分有学习基础、有兴趣的中小学生。渗透类课程主要在基础型课程课内实施,全体学生均可参与,结合学科课程中某个学科主题,利用项目化学习的方式让学生在真实情境问题的驱动下解决问题完成项目任务。

为学生提供各种学习场所,体现课程空间资源利用的多样性。在场地安排上,分为固定场地和不固定场地。各校的固定场地有所不同,包括活动区、教室、实验室、周浦文化中心、傅雷图书馆、浦东机场、商飞基地、消防救援站等等区域。不固定场地联盟学校各有特色,如张江高科实验小学,全天候开放校园各类探究活动区,满足学生自主探究的需求,并在中午午休时间提供教师指导活动,学校借"智慧校园"项目建设契机,在中草药课程的学习空间方面做了一些尝试,全面推进线上中草药科普馆(一期)正式运行,通过日常教研活动,向师生推荐资源。例如,周浦中学艺术组设计了"我和春天有个'乐会'线上活动",劳技组开展"疫中创意,制造有我——学生居家实践活动"云展示课程设计。通过线上线下结合的方式,学校的综合课程得以顺利进行。

形成双师、轮师、内外结合机制,体现师资配备的灵活性。联盟学校以各学科教师为主要师资力量,各年级根据班额数采取自愿与推荐相结合的办法组织执教团队,并打破了原有的"一课一师"固定配置,有的根据课程需要采取双师同时指导的方式,有的在课程不同阶段采取教师轮换指导的方式,有的课程采取校外专家与校内教师联合指导的方式。有的学校大胆地让学生参与课程过程中的讲授与指导的任务,发挥了学生在课程学习中的主观能动性。联盟学校建立了指导教师库,学生与教师双向选择,组建研究团队,在选择的教师指导下开展小课题研究。部分学校还展开了家校合作,请有相关经验的家长开设课程,例如致远中学的家长开设了"信息科技与日常生活""世界上救活最多人的海姆立克急救法"和"各式各样的船舶"等课程。

课程内容丰富,注重"做中学",体现了课程活动的实践性。联盟学校依据各自的特色课程内容,设置具体的课程主要活动,包括科普知识传授、动手操作实践、资源场景参观、主题活动参与等等。例如,祝桥小学开展的航空礼仪课程,要求学生参观机场、飞机等场所,认真做好记录;能基本说出简单的登机操作、行李放置、坐姿要求等机务流程;参观过程中,学生能表达自己的感观与想法,提升倾听与客观评价的能力。航空知识课程,要求学生能运用画图、书写等形式记录实验现象,了解不同飞行器的飞行原理,认识机场内已有标识,寻找出辨识度不高的标识进行重新设计。航空科创课程,要求学生设计风筝、模型飞机、未来飞机模型。为了更好地体现学生在项目化学习活动中的主体地位,让学生进行合理分组,引导学生从多个角度思考问题,在实践中不断完善项目方案。

四、课程开发的统筹举措

(一)点面结合:互动、互通、互融

首先,点面结合指重点开发的课程与面上一般开发的课程的结合。学校由于资源的限制不可能用同样的力量开发所有的课程,在课程开发中总会有重点的与一般的课程的区别。因此要以点带面、以点到面,以重点课程开发的案例作为经验,辐射到其他课程的开发中去,而其他课程也可以反过来促进重点课程的优化,从而形成重点课程与一般课程的互动局面。

其次,点面结合指课程开发过程中以某一学科为主与多个学科协同的方式相结合。在传统的教学环境下,教学目标设置一般从课程的自身特点和专业诉求出发,围绕学科内容来统一设置教学的知识目标、能力目标和素质目标,并以此宏观调控课程教与学的整个过程。而科技创新综合课程的实施须打破传统的教学模式,从观念、模式、路径上力求创新,形成"由点到面"的宽视域、跨学科、综合化的课程开发路径。因此不同学科教研组之间的互通与协同是十分重要的课程开发策略。

最后,点面结合还指学习内容中科创为主的范畴与经济、文化、生活等领域的相结合。如果说科创的内容是综合课程的一个重点的话,那么与科创相关联的经济、文化、生活等领域的问题也是值得高度关注的内容。有的学校将生活与科技创新互融,有的将礼仪文化与航空科技互融,有的将营养健康与中草药研究互融,都充分体现了这一点。

(二)科研与教研结合:高度、厚度、广度

课题项目组的教师通过科研与教研相结合的途径,既能体现科研在理论引领、规律遵循方面的研究高度,又能彰显学科本体知识的扎实厚度。这两股力量的结合能够对综合课程的开发起到重要的奠基与建构的作用。不少学校都认识到开发综合课程教师观念的转变是前提,因此必须通过科研的过程展开理论学习,扭转教师中存在的综合课程开发与己无关的消极态度与难度太大的为难情绪。有的学校以科研带动课程开发的过程,并且融入教研组的专业开发力量。为此,各校经常开展圆桌式的研讨活动,通过以创新课程开发为主题的讨论,提高教师对创新能力培养的重要性的认识。同时,加强教研组之间的联合体作用,结合课程内容的开发与课程活动的设计,展开思维碰撞的头脑风暴,从而拓展了综合课程的辐射广度。

例如,实验学校东校的STEM课程,教师通过科研与教研活动,借鉴STEM课程的理念和框架,结合本校的场地和师资等资源,自主编撰并进行校本化实践的科技类心愿课程。这类课程的关键词是"自主开发""心愿课程""学习基础"等,引导一部分有学习基础、

有兴趣的中小学生，围绕确定一定的比赛主题展开有序、有效的社团探究学习活动，培养对科学探索兴趣、有基本科学探究方法的优秀中小学生，指向学生创造力的培养。设立机器人编程课程主要是编程思维与方法，以及基于编程设计并制作乐高机器人，并利用编程让其运动实现某项功能。Science player科创社团课程，包括"科创思维方法""社会调查方法与策略""科技创新成果的思维、设计与实施""科技创意的发掘、设计与优化""科创作品的改进与优化""科创赛事的申报及其注意事项"等。在科技类心愿课程的教学过程中，教师结合青少年科技创新大赛、未来工程师大赛等传统科技赛事，指导学生完成作品的创意、设计、制作、测试，培养学生自主探究能力。

又如，梅园小学以科研室的力量牵头，发挥教研组的作用，精心编制课程：将科技课程创造性螺旋学习融入各学龄段，以社会化项目式学习的方式，进行创意的融合与迭代。每周利用"课后服务"时间段进行开展，如一、二年级实体电子逻辑积木的创意搭建（物理积木编程-无需电脑）；三年级融合动画的Scratch故事创作（软件编程）；四年级智能硬件编程初探（硬件编程）；五年级基于人工智能以及物联网的项目制作（硬件编程＋人工智能＋物联网）。合理设计各学龄段的课程目标，培育队员的基础通识核心素养——"批判性思维""解决问题能力""分析能力"，一步步增进队员的自主学习能力。

（三）全员与骨干结合：典范、示范、规范

为了配合项目的全面实施，各学校对项目研究的意义进行了宣传，动员全校教师积极参与改革，将课题研究与个人专业发展紧密联系起来。组织项目研究团队开展汇报交流、经验分享、分组讨论、集体研讨等专题研究活动。调动各领域教师的团队意识与潜力，让全体教师对课程改革有更为深刻的认识与理解，各领域对课程设计、课程实施等也组织专题学习与研究。

在课程实施过程中，骨干教师从自身出发，提高专业素质，在自觉进行理论学习、加强自身理论素养方面，起到典范带头作用。在开发综合课程的各个环节中，骨干教师起到示范引领作用，比如有的教师存在"知其然而不知其所以然"的问题，不会编写课程纲要、单元设计案与学生活动单，骨干教师就给他们提供样例与范式，从而带动普通教师走向更专业化发展的目标与方向。普通教师在专业素质与课程执行力方面相对落后于骨干教师，因此他们须从自身实际条件出发，规划自己的专业成长的进程，自觉进行自我剖析，明确专业发展中的优势与不足，有针对性、有重点地参加课程的培训的实践活动，主动弥补发展中的短板劣势，规范自己的课程开发与实践的行为。总之，联盟学校的课程骨干不仅在自身的专业学科上不断提升，同时带动全体教师学生参与课程建设，保障了综合课程的稳步推进与规范实施。

例如，张江高科实验小学，为了用好"线上中草药科普实践馆"这个虚拟学习空间，不仅通过全校宣传、微信转发等方式进行推广，还在教研活动中专设了一期"线上科普馆"活动指导交流，由几位先行的教师为大家详细讲解线上空间的功能、用法、可提供的教学资源，以及学生的学习亲历感受等等，让教师们对这个学习空间更熟悉，更了解。通过以上渠道，调动了广大的师生关心与参与的积极性，形成了"人人皆学、处处能学、时时可学"的学习新场景。

(四)专家指导与自身努力的结合：方向、方式、方法

各联盟学校定期邀请专家来校指导，从理论与实践的层面对课程开发的方向、方式、方法等问题提出积极建议，同时又发挥学校的主观能动性与创造性，从而进一步促进创新课程的完善。

张江高科实验小学经常聘请华东师范大学课程研究所的教授进行手把手的指导，从课程的理念、范式到课程的内容、活动、评价，全面地提升自己的课程理解力与执行力。在中草药课程的开发实施中，由于专家的指点，避免了方向不明、多走弯路的盲目性，使课程开发呈现了有序、有效的良好局面。

周浦小学聘请了上海师范大学钟文芳教授及其研究生团队作为学科专家进行指导。在钟教授的指导下，项目内容做了"减法"与"瘦身"，只保留下三个子课程，分别为"小小工程师""小小建筑师"和"小小服装设计师"。学校项目组制订的课程开发的计划聚焦于三个子课题，把主要的力量聚合在这些课题上。

进才中学东校为了更好地开展航空教育特色，努力寻求专业指导，一直以来与上海交通大学航空航天学院紧密联系，共同设计相关课程、定期指导相关课程和比赛，同时与上海市商飞总装基地、上海市航空航天科普馆共建，定期组织师生开展实践活动，走进航宇科普中心、走进中国商飞总装基地、走进科技馆等，让学生们对飞机的组成、世界航空史、中国航空史、航空名人及其经历有更加深入的了解，坚定未来献身祖国航空航天事业的决心。

(五)综合课程与其他课程的结合：校本化、统整化、特色化

面向新时代新要求，国家课程中各学科都着重强调对创造力的培养，培养"创新型人才"是国家教育发展的方向。创造力教育应该建立在学科基础之上，让学生在真正掌握学科本质和概念的基础上整合学科知识与能力。联盟学校始终把培养学生创造力作为综合课程建设的依据和出发点，将国家课程与综合课程相结合，通过教育变革与创新，全面落实立德树人，强化创新型人才培养。在严格落实国家课程校本化实施过程中，联盟各校积极开发适合特色发展的校本课程，在秉持课程设计理念与原则的前提下体现出各个课程板块的体系性、结构性，也要考虑与课内教材的衔接性，彰显学科核心素养，进一步加强各年级、各学科课程的纵向衔接与横向配合。教师通过多学科、跨学科整合教学，学生主动运用旧知，探索新知，发挥创新的内涵，解决现实问题，创造新生事物，从而使学生创新人格与创新能力获得提升。

实验学校东校结合小学自然、初中科学、信息技术、劳动技术等基础型课程内容，学校教师自主设计并实施基于STEM理念的跨学科课程。这类课程是基于学科教学的"基础＋拓展"学科渗透类课程，其目标在于促进学生通过科学探究的方式，获得对某个科学概念或科学方法的深入理解，丰富学科课程的内容和教学方法，提升学生的创造意识与创新思维。

致远中学在课程中根据学科特点创设培养学生创意思维的可持续的学习方法或创意作业。如语文，创意笔记；数学，思维导图；英语，勤发现敢质疑会提问的ACC智慧树预复习；化学小报；等等。

梅园小学以"小学作文教学论"为载体，进行以培养学生交际能力为目的开展作文教学。

以系统方法构建科学的小学作文训练系列,明确小学各阶段作文训练重点的不同,1—3年级侧重发展语言的想象和自我表现功能,4—5年级侧重发展语言的观察和自我表现功能来培养学生的归纳推理和演绎推理能力,进一步培养学生在习作中创新能力的形成。

第四节　联盟学校综合课程评价的主要做法

综合课程是指打破传统分科课程的知识领域,组合两个或两个以上的学科领域构成的课程。此类课程基于学生的直接经验、密切联系学生自身和社会生活、体现对知识的综合运用,着重强调以学生的经验与生活为核心而进行课程组织。因此,综合课程的评价与传统分科课程评价不同,后者主要以考试测验的方式对学习效果、教学效果进行评价,而综合课程的评价更加侧重学生的学习过程,评价的维度更加多元化。

一、评价原则与类型

(一)评价原则

在综合课程评价过程中要遵循以下原则:① 客观性原则,即进行教学评价时,从测量的标准和方法,到评价者所持的态度,要符合客观实际;② 指导性原则,即对评价的结果进行认真分析,从不同角度查找因果关系,确认产生的原因,并通过信息反馈,使被评价者明确今后的努力方向;③ 整体性原则,即要对组成教学活动的各个方面作多角度、全方位的评价,不能以点带面,以偏概全;④ 参与性原则,即对学生的评价注重校本课程参与情况,作为学生学分考核的依据;⑤ 科学性原则,即要用科学化的评价标准以及科学化的评价程序和方法。

(二)联盟学校主要评价类型

联盟学校开发了一系列以"科创"为主题的综合课程,重点培养学生的创造力。在培养学生创造力的过程中,科学有效的评价方式不仅能提升学生的学习积极性,更能有效反映学生的学习成果,指向教学方式的合理性。联盟学校覆盖了小学、初中、高中三个不同的学段,各联盟学校开设的综合课程丰富多样。在"创新人格、创新思维、创新实践"三个维度的基础上,各项目基于各自的教学内容和学生特点,展开多元化的评价维度。整体来说,联盟学校的评价类型主要有以下几种:按照评价的主体,有自我评价、他人评价、小组评价、教师评价等;按照评价内容,有学习态度评价、学习过程评价、学习方法评价、学习结果评价等。

实验学校东校基于STEM教育理念的"创·生"课程评价从创造力培养的五个方面,即质询精神、协作精神、坚韧不拔、自律和想象力,结合学校的"生命、生活、生态"的"三生"课程理念,以提升学生的核心素养为导向,从管理信息、问题解决、创造性、沟通协作、自我管理等方面对学生进行评价。

梅园小学在教学评价的过程中,充分考虑参与性、客观性、科学性的原则,在实践中不断寻求创造力培养的更加有效的课程实施方式。基于"创新人格、创新思维、创新实践"三个维度,全面记录学生年中参加创造力课程的学习内容、学习态度、学习成果,开展着眼学生持续发展的课程评价实践。在"创新人格、创新思维、创新实践"三个维度的基础上,各科目基于各自的教学内容,展开多元化的评价维度,如"小组合作""同伴交流"等,通过自评、他评、师评相结合的方式,呈现学期评价。

进才中学东校借鉴比尔·卢卡斯教授的创造力评价方法,结合课程项目的内容特点,确定某一个项目设计的评价内容,制定评价量规,提高针对性。通过不同课程的交叉融合,逐步在自律能力、协作能力、探究精神、坚持不懈等维度进行评价。根据模型设计、设计描述以及语言表述能力来综合考量,表达创想设计的历程,以及从学习态度、创新思维、合作能力、表达能力等方面综合评价。

周浦小学的评价类型有学生自我认知评价、教师课堂观察评估以及作品评价及能力发展评价。学生自我评价内容对应课程的三个阶段,即探究活动、创意改造、合作展示,每阶段有规定的评价指标。教师课堂观察评估主要以评价标准分为四个等级,针对每个学习阶段(探究活动、创意改造、小组合作与分享交流)进行形成性评价,教师观察评估的标准分为四个等级,即初级、中级、熟练级和高级。学校将作品评价与能力发展评价作为教学实践中对学生的总结性评价,为学生在后续科技创新活动中继续获得成功起到激励作用,并为学生制定新的科技创新学习目标提供依据。

二、评价量规

(一)评价量规的特点

量规是指评价表或评分细则,是对学生学业绩效,包括学习过程中的行为、认知、态度和各种学习结果(如作品、口头陈述、调研报告、论文等)进行评价的一套标准。它通常从与学习目标相关的多个维度规定评价准则和划分等级,并且融定性评价与定量评价于一体。钟志贤等认为,一个高效用的量规应具有如下特点:① 量规应当包含影响评价绩效的所有重要元素,并具有"约定性";② 量规的评价元素应当根据教学目标需求、学生认知水平和学习环境特点进行合理设置;③ 量规评价元素的权重设定,应当根据教学目标的侧重点或重要性而有所区别;④ 量规中的评价等级应当是明显的、全面的和描述性的,描述的语言是具体的和可操作的;⑤ 量规中的每个元素都是不可再分的;⑥ 能作为教师与学习者有效交流的媒介。

(二)联盟学校评价量规示例

各联盟学校依据各校综合课程特色和学生学段特点制定了不同的评价量规。

实验学校东校以 STEM+课程"慧说校园"为例,从学生学习结果和学习品质两个方面进行学习评价。其中,学生的学习结果主要从"前期调研、文案撰写、音频制作、视频制作、二维码制作、项目发布"几个方面进行评价,学生的学习品质主要从"合作、参与、倾听、沟通"几个方面进行评价。这两方面的评价都制定了量化的评价分值及标准,具有客观性和可操作性。同时还设置了"自我评价、他人评价",兼具学生学习的主观感受,关心学生的学习体验(见表1-9)。

表1-9　STEM+课程"慧说校园"评价量表

评价内容	分值及标准				自我评价	他人评价
	1分	2分	3分	4分		
前期调研	关于用户（学生、家长、教师、访客）需求的前期调研：使用"问卷星"设计问题质量差、数量超过16个或低于3个的调查问卷，搜集5份以内的有效问卷。对相关项目负责人的访谈活动：设计问题质量较差，现场提问为1个或没有访谈提纲，现场声音含糊、不连贯或未记录访谈要点。使用"形色""知乎""百度"等软件或搜索平台相关信息，形成100字左右的调研报告。	关于用户（学生、家长、教师、访客）需求的前期调研：使用"问卷星"设计问题质量较差、数量为4个左右或超过16个的调查问卷，搜集5至15份有效问卷。对相关项目负责人的访谈活动：设计问题质量较差，现场提问为2个的访谈提纲，现场声音比较含糊、不太连贯或未记录访谈要点。使用"形色""知乎""百度"等软件或搜索平台相关信息，形成200字左右的调研报告。	关于用户（学生、家长、教师、访客）需求的前期调研：使用"问卷星"设计问题质量较高、数量较合适（6个或14个左右）的调查问卷，搜集15至25份有效问卷。对相关项目负责人的访谈活动：设计问题质量较高，数量较合适（3个）的访谈提纲，现场声音比较清晰、连贯并认真记录访谈要点。使用"形色""知乎""百度"等软件或搜索平台相关信息，形成300字左右的调研报告。	关于用户（学生、家长、教师、访客）需求的前期调研：使用"问卷星"设计问题质量高、数量合适（10个左右）的调查问卷，搜集至少25份有效问卷。对相关项目负责人的访谈活动：设计问题质量高，数量合适（4个）的访谈提纲，现场提问清晰、连贯并认真记录访谈要点。使用"形色""知乎""百度"等软件或搜索平台相关信息，形成400字左右的调研报告。		
文案撰写	会说话的校园对象有两个以上或不明确，撰写100字左右的视频文案。文案没有以校园对象作为第一人称，内容没有反映前期调研成果，表达不连贯。对某一具体校园对象的相关知识、原理、操作方法几乎没有了解。	会说话的校园对象有两个以上或不明确，撰写200字左右的视频文案。文案以校园对象作为第一人称，内容没有反映前期调研成果，表达比较生硬。对某一具体校园对象的相关知识、原理、操作方法形成零散片面的了解。	确定一个会说话的校园对象（雕塑、工具、植物、场所等），撰写300字左右的视频文案。文案以校园对象作为第一人称，内容反映前期调研一部分成果，容易理解。对某一具体校园对象的相关知识、原理、操作方法比较全面的了解。	确定一个会说话的校园对象（雕塑、工具、植物、场所等），撰写400字左右的视频文案。文案以校园对象作为第一人称，内容反映前期调研的大部分成果、生动形象、易懂有趣。对某一具体校园对象的相关知识、原理、操作方法等形成比较全面深入人的了解。		

续　表

评价内容	分值及标准				自我评价	他人评价
	1分	2分	3分	4分		
音频制作	使用"讯飞有声"app复刻自己的声音。对相关概念原理了解很少。	使用"讯飞有声"app复刻自己的声音;导入主播声音或其他主播声音生成音频文件。了解什么是数据。	使用"讯飞有声"app复刻自己的声音,用视频文案,用自己的声音(个人主播)生成音频文件。了解什么是语音识别,机器学习的基本原理。	使用"讯飞有声"app复刻自己的声音,用视频文案,用自己的声音(个人主播)生成音频文件;用装有Video Download Helper插件的火狐浏览器下载文件的mp3格式应用。了解什么是语音识别,语音合成;自然语言处理、数据,机器智能,机器学习的基本原理。对人工智能技术产生了兴趣。		
视频制作	搜集了很少的素材,视频制作质量很差,或没有制作视频,视频时间不足1分钟或制作视频超5分钟。	结合文案内容,搜集了部分相关图片或视频素材,使用自制的音频素材,完成视频制作,图像内容和音频内容匹配程度较差,视频时间不足1分钟或超4分钟。	结合文案内容,搜集比较丰富的相关图片,视频素材,应用自制的音频素材,使用视频制作软件,完成视频制作,图像内容和音频内容匹配程度较好,视频时间同为3分钟以内,视频格式为mp4。	结合文案内容,搜集丰富的相关图片、视频素材,应用自制的音频素材,使用"剪映""VN"等视频制作软件,完成视频制作,图像内容匹配程度好,视频时间同为3分钟以内,文件格式为mp4。		
二维码制作	使用"草料二维码生成器"制作各校园对象图片、文字介绍、导航链接(视频网址)反馈表单中两个要素的二维码。测试效果基本良好。对二维码的相关知识几乎没有了解。	使用"草料二维码生成器"制作各校园对象图片、文字介绍、导航链接(视频网址)反馈表单中两个要素的二维码。测试效果基本良好。了解二维码的基本结构或应用场景。	将视频文件上传至bilibili视频网站,准备好相关图片,视频网址;使用"草料二维码生成器"制作各校园对象图片,文字介绍,导航链接(视频网址)反馈表单中三个要素的二维码。测试效果良好。了解二维码的基本结构和应用场景。	将视频文件上传至bilibili视频网站,准备好相关图片,视频网址;使用"草料二维码生成器"制作各校园对象图片,文字介绍,导航链接(视频网址)反馈表单四个要素的二维码。测试效果良好。了解二维码的基本结构,原理和应用场景。		

续　表

评价内容	分 值 及 标 准				自我评价	他人评价
	1分	2分	3分	4分		
项目发布	用PPT整理项目开发的过程，呈现项目开发的2项以下的成果和收获体会，只有1至2人参与发布。基本不能根据他人的提问进行交流。	用PPT整理项目开发的3项成果，呈现项目开发的3项（调研报告、视频文案、相关音频、相关视频、相关二维码）和收获体会，只有1至2人参与发布。基本能根据他人的提问进行交流。	用PPT整理项目开发的过程，呈现项目开发的4项成果（调研报告、视频文案、相关音频、相关视频、相关二维码）和收获体会大部分团队成员参与发布。能根据他人的提问证据和证据进行有一定逻辑和证据进行交流。	用PPT整理项目开发的过程，呈现项目开发的全部成果（调研报告、视频文案、相关音频、相关视频、相关二维码）和收获体会全体团队成员参与发布。声音清晰洪亮；能根据他人的提问进行有逻辑、有证据的交流。		
合作	大多数时候不知道自己分工，没有承担该有的职责，融入团队中有较大困难。	基本上了解自己的分工，能承担部分职责来解决问题，融入团队中有一些困难。	知道自己的分工，能承担大部分职责来解决问题，与大部分成员相处融洽。	能明确分工，主动承担来职责，解决问题，与大部分成员相处融洽。		
参与	基本不参与，大部分时间没有投入其中，不具有积极性，很少记录研究日志。	有所参与，但是很难投入其中，积极性不高，只能完成一部分研究日志。	大部分时间参与任务，且基本能积极地投入其中，完成大部分研究日志。	全程参与任务，而且在课堂内外总是积极地完成任务，认真记录研究日志。经常反思，寻找更好的解决方案。		
倾听	不会倾听其他组员的意见，因为希望自己的想法被了解。	有时候会倾听，但会打断并迫不及待发表自己的看法。	大部分时间能够倾听组员所发表的意见。	能够在组员发表意见和提问时认真倾听。		
沟通	基本不与其他组员沟通交流，不能主动提出问题也不能给与反馈。	在其他组员主动发起对话的情况下，能够与组员进行一定的沟通和交流。	能较为频繁地主动发起对话，向组员提出问题并给与反馈。	能与组员们保持持续的沟通交流，维持团队活跃的合作氛围		

梅园小学以剪纸课为例，围绕创造力培养的"创新人格、创新思维、创新实践"三个维度，从"基本技能、参与程度、合作能力、创新能力"四个方面，进行自评、互评、教师评价。评价量规制定了每个项目的具体内容，以五角星赋分的形式进行评价（见表1–10）。

表1–10　梅园小学的剪纸课程评价量规

项目	内　　容	自　评	互　评	教师评价
基本技能	了解剪纸的基础知识，熟悉各种剪纸符号，线条流畅。	☆☆☆☆☆	☆☆☆☆☆	☆☆☆☆☆
	掌握阴刻、阳刻等手法，并能流畅地剪出各种作品。	☆☆☆☆☆	☆☆☆☆☆	☆☆☆☆☆
	能够合理地运用剪纸符号，设计作品。	☆☆☆☆☆	☆☆☆☆☆	☆☆☆☆☆
参与程度	剪纸工具准备齐全。	☆☆☆☆☆	☆☆☆☆☆	☆☆☆☆☆
	能认真、及时、独立完成课堂作业。	☆☆☆☆☆	☆☆☆☆☆	☆☆☆☆☆
合作能力	与他人友好合作，有团队的意识。	☆☆☆☆☆	☆☆☆☆☆	☆☆☆☆☆
	能大胆表述自己的观点，帮助他人完成作品。	☆☆☆☆☆	☆☆☆☆☆	☆☆☆☆☆
创新能力	对剪纸的历史有所了解，且兴趣浓厚。	☆☆☆☆☆	☆☆☆☆☆	☆☆☆☆☆
	通过多种途径收集各种剪纸作品，有欣赏能力。	☆☆☆☆☆	☆☆☆☆☆	☆☆☆☆☆
	能创作简单的剪纸作品。	☆☆☆☆☆	☆☆☆☆☆	☆☆☆☆☆

祝桥小学"乘风少年"系列综合课程分别针对学习小组和个人进行评价。两者都包括学习过程和学习结果两个维度。评价量规以赋分的形式划分等级（见表1–11）。

表1–11　祝桥小学评价量规

学习评价	一、小组学习评价 （一）过程评价 根据小组活动开展情况，确定有没有形成合作交流的习惯以及讨论与探究问题是否踊跃。 （二）结果评价 1. 演讲内容（满分10分） （角色职责清晰，内容目标明确，结合实践经验） A 非常好9—10分　　　　B 比较好6—8分　　　　C 一般3—5分 2. 演讲表现（满分10分） （语言流程，神情自信，举止大方） A 非常好9—10分　　　　B 比较好6—8分　　　　C 一般3—5分

学习评价	3. 辩论表现(满分 10 分) (论点有依据,语言清晰,总结到位) A 非常好 9—10 分　　　B 比较好 6—8 分　　　C 一般 3—5 分 4. 作品展示(满分 10 分) (作品有美感,有创新意识,内容符合实际情况) A 非常好 9—10 分　　　B 比较好 6—8 分　　　C 一般 3—5 分 视频反馈 (内容符合实际情况) 二、个人学习评价 (一)过程评价 根据活动单完成情况,确定有没有养成相关的学习习惯以及学习过程是否扎实。 (二)结果评价 1. 作品展示(满分 10 分) (作品有美感,创新意识,内容符合实际情况) A 非常好 9—10 分　　　B 比较好 6—8 分　　　C 一般 3—5 分 2. 视频制作(满分 10 分) (内容有依据科学,画面清晰精美,语言自信大方) A 非常好 9—10 分　　　B 比较好 6—8 分　　　C 一般 3—5 分

　　张江高科实验小学的"中草药研究"课程同样围绕创造力培养的"创新人格、创新思维、创新实践"三个维度,并且以此作为评价的一级指标。其中,"创新人格"的评价设置了"自信心、好奇心"两个二级指标,"创新思维"的评价设置了"发散思维、聚合思维、批判思维"三个二级指标,"创新实践"的评价设置了"预设假设、设计方案、动手操作、团队合作"四个二级指标。学生根据表 1-12 量规中的表现描述,进行自我评价:优秀、良好、一般。评价量规涵盖了对学生学习态度、学习过程和学习结果的评价。

表 1-12　张江高科实验小学评价量规

一级指标	二级指标	表现水平标准	表　现　描　述
创新人格	自信心	优秀	敢于面向众人,面向师长表达自己的独特想法或做法;敢于挑战有困难的任务,相信自己有能力做好。
		良好	有自己的独特想法或做法,但不愿和他人表达交流;面对有困难的任务愿意尝试,但不确定是否能做好。
		一般	发现自己的想法或做法和别人不同,就有紧张、犯错的感觉;认为自己一无是处,什么任务都难以完成。
	好奇心	优秀	对周边事物和自然现象有敏锐的观察力,在生活和学习中能主动发现问题,提出问题。
		良好	在教师引导下能观察周边事物和自然现象,较少主动发现和提出问题。
		一般	很少观察周围的事物和自然,难以主动发现和提出问题。

一级指标	二级指标	表现水平标准	表　现　描　述
创造性思维	发散思维	优秀	经常能在短时间内能够对问题探索出许多可能的解决方案,常有创造性想法。
		良好	能对一个问题提出不同的解决方案,在教师引导下有一些创造性的想法。
		一般	做事以模仿为主,很少有创造性的想法。
	聚合思维	优秀	能围绕问题,迅速整合相关的学科知识、实践技能,找到解决问题的方法。
		良好	能意识到解决某些问题需要结合多方面的知识技能吗,在教师指导下能从不同角度、不同层次寻找解决问题的方案。
		一般	遇到问题只能进行单一角度的思考。
	批判思维	优秀	对已有的信息不盲从,通过对事实的识别、辨析、研判,作出理性的、基于证据的判断或质疑。
		良好	对不同的意见能够持宽容态度,不轻易下对错判断,并能在教师指导下进行辨析,找到值得商榷和反思之处。
		一般	喜欢对事物的对错下简单定义,不愿意反思和辨析。
实践能力	预测假设	优秀	能围绕问题,提出自己合理的想法和猜测,并能做初步的判断。
		良好	能围绕问题,提出自己的想法和猜测,并做初步判断。
		一般	基本能围绕问题提出自己的想法和猜测。
	设计方案	优秀	能自主设计简单的研究方法、研究步骤,形成简单的研究方案,方案中能体现出控制变量的意识。
		良好	在指导下能设计简单的研究方法、研究步骤,形成简单的研究方案,建立一定的控制变量意识。
		一般	基本能设计出简单的研究方法和步骤,形成基本的研究方案,缺乏控制变量意识。
	动手操作	优秀	能初步掌握简单的科学操作方法,并付诸实践,进行规范的实践操作。
		良好	能初步学会简单的科学操作方法,并在指导下付诸实践,进行较为规范的实践操作。
		一般	基本能初步学会简单的科学操作方法,实践操作缺乏基本规范。
	团队合作	优秀	能与团队成员和睦相处,在指导下合理分工,认真做好自己的工作,与同伴协作完成任务,有较强的互助意识。

续 表

一级指标	二级指标	表现水平标准	表 现 描 述
实践能力	团队合作	良好	能在指导下做好团队分配的工作,与同伴协作完成任务,具有一定的互助意识。
		一般	基本能完成团队分配的工作,与同伴共同协作完成任务,初步具备互助意识。

三、评价方式

(一)采用"活动记录"的表现性评定方式

表现性评价是对能力(或倾向)的行为表现进行直接评价的方法,是在教育理论与实践的呼唤之下出现的,它与传统的客观测验不是对立而是互补的关系。表现性评价有多种形式,在进行编制时,首先要明确所要评价的能力或倾向,而后再编制表现性任务,最后确立具体的评价方法。在综合课程实施中大量的是学生的活动,因此评价学生在活动中的各种表现,填写小组活动及个人表现的记录本(有的用机器记录过程)显得尤为重要。

(二)采用"档案袋"的综合性评定方式

综合课程评价也要重视对学生综合素质的评价。档案袋的评价方式对学生的评价作用是多方面的。学生档案袋评定的策略,一是终结性评价、诊断性评价、形成性评价相结合;二是将单一的认知评价扩展为对学生全面、综合素质的多元评价;三是自我评价、小组评价、教师评价、家长及社区人士参与相结合。

(三)联盟学校评价形式示例

周浦中学的"生活教育"综合课程评价在平时教学中要求活动小组保留相关资料,包括活动计划、活动记录、调查表、出勤登记表、实验记录表等与活动有关的文字、图片等,并以此作为小组成绩评价的主要依据。日常课上课下的过程中即时评价,随时随地激励学生,也能有效地提高形成性评价的准确度和有效率。还要求学生进行成果展示,包括小论文、研究报告、设计方案等。学校可以组织手工制作、模型设计作品展示评价活动。每个项目结束后,组织学生进行评价,促进学生活动后进行总结和反思,指导后续的活动,并为学期阶段性综合评价提供依据。根据学生参与活动的时间、次数、认真程度,以及是否认真思考问题、积极动手动脑、主动提出活动设想或建议、准时完成计划和学习任务来评价学生的参与态度。根据学生是否积极参与小组活动,主动帮助别人和寻求别人帮助,认真倾听同学的意见,乐于与别人一起分享成果,评价学生的合作精神。通过对学生在提出问题、分析问题和解决问题过程中显示出的探究精神和实践能力,及其对探究结果的表达评价学生的探究精神和学习能力。通过学生的自我陈述、小组活动记录来反映,也可以通过学生的日记、活动征文、主题班会等形式来反映,还可以通过学生的行为表型和活动成果来评价学生收获与反思。

周浦小学对学生的课堂表现性评价和能力发展性评价,改变单纯仅强调结果不关注发展变化的传统评价方法。注重学生学习过程中的表现和完成作品情况来整体评估反映学生的情感、态度、能力等方面的发展。将内部评价(自我评价)与外部评价(教师、同伴互评)相结合,改变过于依赖外部评价而忽视自我诊断、自我改进的做法。个体增量评价(学生)与群体增量评价(小组、班级)相结合,关注学生个体发展性变化(纵向比对学习进步),以及小组群体、班级全体的发展性变化情况。

张江高科实验小学与课堂教学的学习目标、活动环节相结合,设计评价内容。如"驱蚊花露水"这节课,第一个活动是产品成分分析,考查的是学生对资料收集、归纳、总结的能力,因此设置了"产品分析师"评价项目,制定了"归纳总结"的具体表现标准。后面又结合"产品设计"和"产品制作"两个活动,分别设计了对应的评价项目和评价标准。这类评价内容具有开放性特点,学生可以给出多种不同的回答,甚至是出人意料的回答,鼓励发散和创新。借用项目化学习的方式,全程评价。为了了解学生在每个阶段学得怎么样,形成了过程性和结果性评价相结合的方式。教师在一个项目的不同阶段,采用不同的评价量表,不同的评价任务,让学生可以看到自己在项目中的成长过程,自己的优势之处和还需要改进的地方。如"牵牛花造型秀"项目,分为五个项目阶段,围绕不同阶段,不同的活动任务,教师分别制定了表现性评价项目和具体的评价标准。例如,聚焦问题,入项环节,就以"制订项目计划"作为评价任务、调查收集信息阶段,就以资料调查和实地考察作为评价任务,针对作品成果和项目结项展示会,也设置了专门的评价表。信息技术整合,实现持续评价。学校与校外公司合作,设计本课程专用的评价积分卡,教师根据课堂活动内容制定具体评价指标,达到指标要求即可获得相应积分卡。课外参加校园学习空间的各项活动,也可获得积分卡。评价以积分点形式累积,积点可用于校园各个探索区创趣活动,如中草药科普实践馆节气特色活动、开心农场智能培植体验、种植机器人设计搭建等等。评价和创新大赛、机器人大赛、植物识别比赛等相关的市区级活动、比赛相互衔接,在项目学习中表现突出的学生,优先推荐参加。每名学生的积分累计数可在"晓黑板"app查询了解。这样,通过信息技术手段,简便记录和查询学生中长期的学习表现水平,既有助于教师了解学生学情,也进一步加强了评价对学生的激励和导向功能。

第五节　综合课程培养学生创造力的主要策略

一、以现实性情境激发学生的创造兴趣

科创教育以培养学生创造性解决新问题为目标,倡导在真实情境中跨学科学习,强调动手解决问题,培养学生创新思维和科学精神。现在的科创教育已经成为小学课程体系中的重头戏,也是落实创造力教育的基石,为实施创造力教育提供了源头活水。创造力教育应该建立在学科基础之上,在教学中创设情境,启迪学生思维,激发学生创造兴趣。

在周浦小学的"小小设计师"综合课程中,以子项目"小小建筑设计师"课程为例,以学校改扩建为契机,合理设置、科学实施课程内容。课程以"美丽新校园"为主题,将学校改扩建作为出发点,原本小学生对创意建筑有关的知识学习积极性不高,参与本课程后,学生明显激发了创造的热情。课程激发了学生的兴趣,引导学生想象并构建自己心中美好的校园。

课程实施初期,周浦小学项目组邀请退休教师和经历学校之前改建的中青年教师讲述学校的发展历史,通过照片、视频音频等材料让学生了解学校建筑物的变化。课后,有学生在体会中写道:"我们的学校有一百多年的历史,这是多么令人感到自豪的事啊! 看到之前的校舍,操场,再看看如今的校舍建筑,我觉得学校的发展真是日新月异。真心希望学校在以后有更多的变化、更好的发展,希望学校的建筑物越来越现代,越来越有科技感!"在探寻学校现状的过程中,大家在教师的带领下一起走进行政楼、教学楼、食堂、操场等校园的角角落落,探寻目前学校校舍环境的问题。每次活动,有的学生拿着相机进行拍摄,有的学生拿着笔记本进行记录,还有的学生拿着绘图本进行简单绘图。四(4)班小蔡同学在探寻操场现状时,用照片记录了操场的现状,回家写下了一段感想:"今天,我们来到操场,非常仔细地区寻找操场设施的问题。发现了操场上塑胶有磨损的情况,操场边的双杠单杠标签的标注字样脱落了,操场边的围墙上满是斑驳……大家围坐在一起讨论的时候,都有些感慨,学校很多建筑急需改建,操场上供学生使用的运动设施需要换新,需要增设。我坚信学校未来的样子一样是最美的!"

"真实性"是情境创设的基本前提,去创设情境,才能创设出符合学生内在发展需要的"真"情境。在不同的情境之中,人的思维活跃程度大相径庭。特定的情境,能使思维更为敏捷,迸创新的火花。特别是小学生,他们的抽象思维还较差,创新思维的潜力正待发展。而学生是天生的探究者,学习本来就是一个主动探究的过程,推行综合课程去培养学生的创造力,重在教师根据需要创设情境,激发学生探究兴趣。

张江高科实验小学则通过智慧型学习空间的创建与使用,初步实现了学习环境的开放融通,将学区资源、社区资源和信息技术资源融入中草药探究活动,拆除不同学科之间以及学科与学生个体生活、社会生活之间的藩篱,将生活变成课程资源的宝库。而改进后的教学设计与实施,引发了学生学习方式的进一步转变。学生可以利用学习情境的设定,开展自主探究。例如,小林同学在班级问题树中,认领了"哪些中草药能助眠"的问题后,在"国粹传习站",利用"信息检索舱"收集相关知识资源,了解到荞麦、决明子、灯芯草等中草药具有安神助眠的功效。然后,来到"互动实践舱",通过模拟情境互动,并结合日常的中草药探究课程实践活动,她知道了可以将这些草药制作成"中草药安眠枕",实现助眠目的,并根据自己的个性化喜好和需求,调整安眠枕的配方等。在教师指导下,她将这些研究收获进行整理后,在"问题树"中进行回答,让提问者获得了更加完整、有可行性的帮助,自己也获得了积分奖励。真实的情境有利于激发学生的创造兴趣,有利于学生在真实的环境中培养真实的情感和态度。因此,教学中注意创设与学生的生活实际相联系的教学情境,让学生体验到学习的乐趣积极主动地去探索并解决问题。

　　小学学段的学生思维仍基于日常生活场景以具体的形象为主,对于抽象概念的理解能力较弱,并且对于抽象概念的理解一定程度建立在直接经验和感性体验上。让学生在情境中理解知识及内涵,对概念形成原有知识基础上的正确认知,保证教学活动顺利进行。情境的创设对学生认知发展、能力提高具有重要意义。

二、以驱动性问题唤起学生的创造欲望

　　当学生进入一定的学习情境后,情境中蕴含的需要解决的问题就随之显现。利用问题,进行启发引导,帮助学生形成概念的初始认知。问题导向原则要求教师对所述概念使用问问题的方式引导学生思考,在一些较为复杂的概念,可以选择多个问题连续提出,引发学生思考,逐渐聚焦到解决问题的关键。

　　周浦小学的"小小设计师"课程中,问题设计的导向更加偏向于引导学生思考,以驱动性问题唤起学生的创造欲望,这与创造力培养的教学目标不谋而合。以子项目"小小车模设计师"第二单元"设计想象的车"为例,将心目中的概念汽车作为驱动性问题,设计心目中的车辆,并进行图纸设计、图纸绘画,学生通过参与本项目课程活动的探究学习,对概念汽车发生了浓厚的兴趣,从而激起学生对车辆的创作欲望。三(5)班的小欣同学,是参加车模制作社团为数不多的女孩子,参与课程学习后,她每次活动都特别积极主动,无论是对图纸的绘画还是对车模的设计,她都非常感兴趣。在一次车模设计课上,她提出了为车辆装上翅膀,像鸟儿一样,翅膀可以收缩自如,根据实际需要展开翅膀,飞上天空,改善地面的交通状况。

　　张江高科实验小学在问题设计上,也开展了深入的探究。例如,四(3)班开展的"驱蚊大挑战"项目,就是从生活经验入手,在项目初始,首先通过师生交流,了解蚊子的生活环境以及与疾病的传播的关系,讨论自己经历的蚊虫叮咬等困扰,将感兴趣的问题设计成问卷进行调研和统计,深入了解蚊虫叮咬的喜好特点,以及驱蚊产品的购买与使用情况等,并根据结果提出自己想要研究的问题,如"为什么一些产品能够驱蚊? 是什么成分发挥了作用?"。带着问题,学生到中医药博物馆听取专家的知识原理讲解,尝试利用原理,自制中草药驱蚊产品。课外分小组,利用线上中草药科普馆、资源检索舱等资源库查找整理资料,准备制作材料,课内在教师组织和指导下交流制订计划,进行实验,分享作品和疑难问题,认识到草药驱蚊的一般方法。课后利用信息化评价展示设备进行作品展示与成果交流评价,还借助在线互动平台进行个性化深入辅导,如对驱蚊产品效果的验证实验,由于当时天气转冷,无法了解驱蚊产品的实际效果,在教师指点下,各研究小组决定选择在下一学期天气转暖时,根据原来的配方重新制作产品,开展实验,并计划通过照片、视频等方式记录效果,将记录分享在线上互动平台,进行相互展示、评价。

　　课程中的真实驱动性问题能够让学生将课程任务和自身进行内在联系,产生解决问题的强烈意愿和创造欲望。在实验学校东校 STEM＋课程"探秘 DNA"的教学过程中,为了创设真实的问题情境播放侏罗纪公园的视频时,学生将真实地接收到侏罗纪公园邀请函信件,这些具有十足真实感的经历能够给学生足够的冲击,让其更顺利地接受自己的角

色设定——古生物学家,进而产生探究生物 DNA 奥秘持续的兴趣和动力。此外,该课程真实驱动性问题贯穿整个教与学过程,并且在实施过程中将其细化为特定情境下若干个具体的问题,能够为学生真实性的探索空间,激发其内在学习动力。在学科渗透课程"疫期吃出免疫力"中,正处于新冠疫情特殊时期的上海居民每天最操心的莫过于每天的一日三餐和抗疫防护,本课程聚焦学生的真实生活,用"疫情期间如何利用家中有限的食材为家人设计抗疫营养餐"这一驱动性问题引发学生的自主探究式的社会性实践,将学生的科学学习活动设计成一个连连续性的解决实际生活问题、完成真实项目任务的过程,打破了学习内容与实际生活的界限,将学生的学习热情和探究欲充分激发。

项目的驱动性问题有没有研究价值,能不能充分调动学生学习的积极性,直接影响到项目推进的价值和意义。学校在设计驱动性问题的时候,要立足于学校的特色课程、特色文化以及学生的学情,如祝桥小学设计的驱动性问题"如何举办一次航空文化展",立足于该校的"乘风少年"综合课程,立足于该校的航空文化,是学生感兴趣且平时可以接触到的,这就能很大程度激起学生的参与兴趣。另外,有意义的主题活动,也需要我们老师给学生进行把关,如在"子项目一"航空礼仪展示中,教师设计了"航空礼仪歌""航空班级礼仪评比"等主题活动,不仅让学生通过搜集材料了解航空礼仪文化,还能引导学生把航空礼仪文化融入自己的日常行为规范之中,提升自己的文明素养。

三、以项目化任务培养学生的创造能力

项目化学习是基于真实情境和问题驱动的跨学科学习方式,它是培养学生综合素养的重要途径。项目化学习的思想源头,可以追溯至杜威的"做中学"的经验学习。而后,其弟子克伯屈首次提出并实践了项目学习的概念。项目化学习是一种独特的学习理念和学习方式,项目化学习主要包含以下要素:真实的情境、驱动性问题、以项目化任务以及可视化成果。

创造能力的发展,同样也可以在教师给学生的项目化任务中逐渐培养。学生通过一系列的项目化任务,把创造力思维和实践活动有机地结合起来,使他们的创造力思维得到发展。任务又可以分为多种:多样化选择任务、递进式任务、循证式任务及竞赛式任务等等。

在给予学生项目化任务时,要给学生提供充分的学习任务支架,去促进自主创造,从而培养学生的创造能力。根据学生学习过程中的具体任务提供相应的学习支架有利于学生问题解决和学习反思,促进其对新知识的内化并且在其他情境中进行迁移应用。由于学生的知识、能力以及与项目相关的生活经验有限,为了让学生的学习的顺利开展,课程实施过程中要强调学习的自主性和探究性,要综合运用多种类型的学习支架,并且充分利用在线平台的优势为学生提供形式多样、丰富的学习支架,充分支持其持续性的探究和创造,满足不同学习风格学生的差异性学习需求。例如,在实验学校东校 STEM+课程"探秘 DNA"的教学过程中,教师在在问题界定阶段呈现侏罗纪公园的视频素材和古生物学家邀请函,为学生提供情境型支架,唤起学生头脑中关于 DNA 的先前观念;在"实践探

索"之前,课程为学生提供各种资源型支架和策略型支架,例如,实验设计中控制变量的原则,实验操作中配置溶液、研磨、过滤等实验操作技能。这些丰富多样的学习支架为学生创设了进行自主探索和深度学习的学习环境,无形中培养了学生的创造力。又如,在学科渗透类课程"疫期吃出免疫力"中充分利用在线教学平台的优势为学生提供形式多样、丰富的学习支架:① 概念支架,引导学生建立"食物营养"的科学概念体系的支架。② 元认知支架,引导学生对项目探究过程、结果进行反思的支架。③ 学习实践支架,本项目化中涉及探究性、社会性、调控性三类学习实践,项目中提供提出开放性问题的方法、思维导图制作方法、实验设计原则等探究实践支架;在小组研讨、线上讨论室活动中呈现表达观点的建议、同伴互评的规则等社会性实践支架;通过介绍项目化学习经验、项目管理模板并定期组织学生进行项目反思等方式提供调控性实践支架。④ 资源支架,用于拓展视野、延伸思维的资源支持。

项目化任务能直接刺激大脑进行积极思维,它不但能帮助学生理解所学的概念,还能让学生通过亲身实践真切感受到发现的快乐。例如,周浦小学的"小小设计师"课程中,以子项目"小小车模设计师"第三单元"车辆模型制作"为例,利用设计的车模图纸,结合泥塑捏制,修改模型,结合计算机课程和设计软件,在电脑中呈现修改的车模。课程实施过程中,学生结合大胆的想法、超乎的想象,搭配上一定的动手操作,创造能力得到了进一步的提升。

在当前新一轮教育改革中,要求培养出大量具有创造力的人才,而想要达到该要求,教育工作者就必须要转变自己以往的观念,不再"重理论,轻实践;重传承,轻创新",而是要大力开展自主学习课程,以项目化任务培养学生的创造能力,让学生在自主、合作、探究中提高自身的创造能力。

通过教师给予学生各种任务,让学生自己去探索、去创新,从而提高学生解决问题目的能力和创造能力。例如,张江高科实验小学的课程"植物精油的香气魔法",原本只是单纯对香料植物的认识和精油提取实验,对学生而言只是一种与生活无关的活动体验。设计者胡老师却察觉到了学生日常生活中已经习以为常的一个现象:部分学生为防疫需要,坚持佩戴口罩,但时间一长,或者天气热时,会感到胸闷、气喘等不适,于是,她将这一现象与原有的设计结合,形成了驱动性问题,设计了教学任务:研制一款植物精油喷雾,用于缓解长期佩戴口罩后头晕、胸闷的问题。还结合高年级学生喜爱流行文化,对制作短视频很感兴趣的特点,鼓励学生也作一回"UP 主",录制中英双语视频,更广泛地推荐自己的研究成果。这个活动让学生发现,中草药课程的学习中既新奇有趣,又能解决日常生活中的问题,还有机会用流行方式去表达,学习的积极性空前提高了。而历来为教师头疼的英语沟通表达能力,也在视频的设计、录制过程中得到了充分的锻炼和提升。在教学过程中,利用学生对新事物的好奇,通过有意识地营造学习任务,使学生能够自觉观察事物并获得对概念的初始认知。学生观察事物、接受问题的同时不断结合已有的知识建构寻找问题的特点和解决思路,从而进入较为理想的求知的状态中。教学的效果随着学生的学习兴趣和创造力会得到很大的提升。

项目化任务涵盖各学段,以学生主动解决问题为核心,是学生创造能力培养的核心方法。项目化任务以真实的、富有挑战性的探究性任务为出发点,在教师的引导与指导下,在学科教学与实践活动中,以学生为主体开展持续性的探究,尝试创造性地解决问题,形成项目成果,从而培养学生的创造能力。

四、以多元化思维启发学生的创造路径

创造力的产生需要发散思维和聚合思维不停地相互转换、相互融合,将新信息、旧信息及之前忽视的信息结合起来。富有创造力的人很善于整编自己的大脑,使其进入转换模式。创造力越强,头脑的转换互动能力就越强。教师要以聚合思维、发散思维和批判思维等多元化思维去启发学生。思维能力是思维水平、思维方法,思维品质的综合体现。所以,在培养学生创造性思维能力方面,要注意思维训练的途径,通过多元化的思维训练,积极探索,启发学生的创造路径。

在目前国内的教育体制下,很多学生泡在题海之中,慢慢形成了永久的聚合思维模式。学生成年之后,由于大脑成长速度急剧放缓,思维进程也会沿袭儿童和青春期时接受的固定模式,已很难进行发散思维了。这也许会影响整个国家的创造力指数,甚至影响未来在全球的竞争力。教学的核心是启发思维,培养和发展智能,提高人的素质,而知识经济的时代更需要创新人才。因而,在现代教育数学中,教师应注意培养学生多种思维能力,去开发学生的潜能,激发学生的创新精神,提高他们的创新能力和综合素质。

致远中学的"植物大发现"综合课程显然不同于传统课堂,需要教师改变固有的教学设计思维,用生活现象启发学生去思考,授课中多采用追本溯源的逆向方式深入引导,课外有意识引导学生对身边的事物、生活的迹象展开发散性思考,以期学生的思考从无形到有形、从杂乱到有序、从低阶走向高阶。

所谓创造性思维是指有灵感参与的,综合运用多元化思维并具有开拓创新特点的思维活动。因此,我们可以把创造力训练应用于课堂教学中。在综合课程教学中,如能积极挖掘,系统训练,不仅能培养学生运用学科知识的能力,也能增强学生创新能力。祝桥小学"乘风少年"综合型课程的实施是为了让来自不同地区的学生一样成人、成才,一样快乐幸福。塑造具有创新变革与发展、创新思维与技能、创新意识与能力,能适应未来社会发展需求的祝桥人而准备,因此,在课程实施中该校注重思维的培养,用创新文化的浸润方式,通过美的文化去滋养师生生命成长,通过项目研究、实践、体验润泽师生美好情操,让教师在文化创新实践中有成就感,让学生有成功感、愉悦感,让祝桥小学的校园成为师生智慧碰撞、创新实践的"思维创新园""未来航空社区"。

总之,在教学中创设学生熟悉的情境,利用问题导向、任务驱动等教学手段,让学生经历发现问题、形成问题、产生解决问题的想法,最终对想法实践评估,这一引导过程,学生运用高层次思维能力,明显提升学生的创造力,为学生提供创新实践空间,让学生充分经历实践过程,这是创造力落地的重要抓手,也是创造力"输出表达"的重要载体,又是创造力"发展提升"的重要途径。这种思维型的课更有利于促进学生创造力的发展。

五、以可视化成果鼓励学生的创造热情

可见性成果虽为学习成果,也提供了鼓励创新的信息,它使得学生更好地完成既定任务,是对创造力培育与发展具有促进作用的。例如,在周浦小学的"小小设计师"课程子项目"小小服装设计师"课程第二单元"造型设计指导"中,学生也终于成为一名服装设计师啦!在学生眼中,服装设计师是一项很时尚也很神秘的职业,或多或少的学生会期盼自己也能设计一套光彩照人的服装。学生通过教师的指引,把灵感像串珠一样串联成点、线、面,一幅幅设计作品就出炉啦!在设计作品的过程中,教师给定一个足以发挥想象空间的主题,从简到繁,由易到难创意设计,学生们结合自身喜欢的绘画方向,每一个孩子的天赋都得到了发展,每一个孩子的创造力也都得到了提升。又如,在"小小设计师"课程子项目"小小服装设计师"课程第三单元"服装造型设计"中,通过古今中外服装史的欣赏,在服装设计和制作过程中提高艺术修养,并在学校艺术节上进行后续的制作服装的走秀展示,从而达到鼓励学生的创造热情。在设计服装的创作这一课过程中,学生热情四溢,想法十足。根据造型和穿着对象的季节、地点等因素相关,学生设计了活泼、成熟、优雅等不同风格的服装,样式各异、色彩多样。之后的动手实践课就更让学生有兴趣了。学生还结合OM社团的参赛题目,为OM社团设计表演用服装。他们根据表演剧本的需要,选取了布料、报纸、塑料袋、卡纸、纸板箱、瓶盖等等进行布料拼贴,对表演服装上的装饰进行设计并制作,做了一回环保小达人,科技节的展示活动中得到了教师和学生的好评。在学生完成自己的创意设计之后,展示环节就是他们舞台展示的时刻。此时,作品的展示就极其重要,学生能在舞台上展示自己的作品,并且得到同伴和教师的认可和鼓励,成就感油然而生,同时也树立了自信,激发了对本课程的创造热情。学生在走秀完成后,不禁发出了感慨。有的学生说:"我不仅做了一回设计师,还穿着自己设计的衣服在舞台上走秀,这感觉真好啊!"还有的学生说:"我在舞台上比之前放得开,不那么容易紧张了,我的舞台经验丰富了不少,在舞台上明显比以前更自信,更有表现力,这是一份很大的收获!"更有学生希望学校多多开设此类综合课程。

周浦小学的"小小设计师"课程,从课题的选择,到活动的开展,结合社会的热点问题及学生的身心特点,进行了全新的尝试。子项目"小小服装设计师"引导学生善于从日常生活中发现学生感兴趣的问题,从他们自己的生活经验出发,贴近学生的经验、贴近学生的兴趣、贴近社会现实,学生越能够较好地操作,越有积极性。

项目活动的推进过程需要有周密的计划和项目实施方案,并不是毫无准备地开始。为了更好地体现学生在项目化学习活动中的主体地位,教师要以小组为单位,引导学生合理分组,引导学生从多个角度思考问题,在实践中不断完善自己的项目方案。项目在推进的过程中,首先要在班级里进行合理分组,参加全校性的活动的时候,又以班级为单位,在每个学生提交自己的学习成果之后,充实完善合成小组、班级的学习成果,进行更好地展示。

明珠临港小学的"结构模型"课程利用学生自主探究的多个综合实践活动,以探究深海打捞装置的主要功能和保护鸟类生态家园为载体,通过自主设计图纸,使用微型机床对

木板材料进行切割打磨、钻孔黏合等关键步骤,尝试解决生活中富有挑战性的问题。开展项目交流分享会,提升专业认知,培养创新能力。通过一个个完整的主题探究活动,增长相关领域的知识与技能,更重要的是体验了探究的过程、提升探究意识与创新意识。在此类实践性学习的过程中,教师充分发挥了学生的主体性,充分激发了学生的想象力,注重学生的实践和体验,培养学生在实践过程中主动获取知识、应用知识、解决问题的能力。教师组织探究实践活动,培养了学生动手实践能力。培养了学生成为面向未来的具有创新精神、实践能力、国际视野的新时代德、智、体、美、劳全面发展的社会主义合格建设者和可靠接班人,并建构科学性、创新性、实践性的区域特色课程体系。

　　创新是人类文明进步与社会发展的根本动力,它普遍被认为是 21 世纪人才发展的关键特征,创新也正迅速成为人们提高工作质量的关键属性,具有创造力的人更容易在工作中取得成功。一个具有创造力的个体,能够利用相关信息和资源,产生新颖且有价值的观点、方案、产品等成果。因此,培养中小学生的创造力刻不容缓。

第六节　反思与展望

一、主要经验

(一) 课程开发成果丰硕

　　经过不断的探索,浦东新区"创造力培养项目"科创联盟各校结合学校特色、区域特色,依托校内、外资源,开发了一批高质量的综合课程(见表 1-13)。

表 1-13　各联盟校开发的综合课程

科创联盟学校	综　合　课　程
周浦中学	"生活教育"综合课程
实验学校东校	基于 STEM 理念的"创·生"综合课程
进才中学东校	"航空特色"综合课程
致远中学	"现实模拟"综合课程
周浦小学	基于 STEAM 理念的"小小设计师"综合课程
明珠临港小学	"少年创客"综合课程
梅园小学	"科创特色实验"综合课程
张江高科实验小学	"中草药"综合课程
祝桥小学	"少年儿童未来航空主题社区"综合课程

综合课程的开发基于真实生活情境，师生一起讨论学习活动方式与目标，激励学生主动探究，搜索相关资料信息并自主分析，指引其将学习联系社会实际，以达到解决问题和获得概念原理等知识的目的。例如，周浦中学的"生活教育"综合课程从"后疫情时代食品安全与营养健康；材料发展与社会进步；人居环境治理与生态环境保护；后疫情时代公共卫生安全；城市文化记忆与城市文化环境；智慧城市建设与发展"六个贴合真实生活的主题为切入点进行课程设计，既丰富了教学内涵，也具有非常重要的社会意义。

综合课程的开发充分利用了各种资源。一是充分挖掘学校教师的特色和才能，培养一批高质量的教师队伍。二是充分利用社区、社会人力资源，让专家学者、专业人员、家长等各行各业从业者成为学生的"编外教师"。三是与课程内容相关的非教育教学单位，如企业、公司等，进行交流，以"请进来"和"走出去"两种方式带领学生参观、实践、探究，建立丰富的社区资源宝库。

综合课程实际实施中，往往会受到时间、场地的限制，对此，联盟学校探索出一些经验。高中阶段，综合课程可以利用拓展课、选修课进行开展，或者与学生的研究性课题相结合。义务教育阶段，除了拓展课、选修课，还可以利用晚托时间进行开展。同时，周末、假期时间也可加以利用开展实践活动。课程实施的场地除了传统的教室，还可以利用好校内空间和校外科技场馆、户外、家庭等场所。

（二）课程育人成绩斐然

习近平总书记在全国教育大会上指出，要教育引导学生培养综合能力，帮助学生学会自我管理、学会同他人合作、学会过集体生活，激发好奇心、想象力，培养创新思维。要把创新教育贯穿教育活动全过程，倡导"处处是创造之地，天天是创造之时，人人是创造之人"的教育氛围。科创类综合课程的实施探索了学生创造力培养的路径。参与项目的教师借鉴五维创造力学习模型等创造力教学法，设计对学生有成长意义且有挑战性的真实任务，设定可评估的目标并制定衡量创造力进步和挑战达成的标准，遵循项目学习的活动路径，将教学过程拆解为可操作的程序性步骤。在课程实施中，建立重视合作且安全积极的氛围，以帮助学生接纳创新中的不确定性；运用与创造力培养目标相匹配的教学策略或思维工具，成为学生创造力发展的促进者、组织者和指导者。在课程评价时，利用主流的创造力量规，围绕学生创造力发展作品档案袋，综合运用学生自我评价、同伴互评、教师评价；在项目结束前，设计并实施对学生有建设性作用的反馈；在项目结束后，基于学生的学习证据，对其学习进行准确的评价。

教育要以学生的发展为本，为学生的终身发展服务。综合课程的实施积累了课程育人的成功案例。如祝桥小学的"乘风少年"综合课程在实施中着眼于学生的核心素养，聚焦于学生创新能力的培养，在课程设计与实施中以创新管理项目为抓手，营造学校的创新发展力；以"少年儿童未来航空主题社区"课程为载体，提升课程的创新育人生长力；以学生职业生涯技能发展为核心，提升学生的创新素养发展力；以创新评价为驱动，保障创新项目的实践力。借助项目化学习方式，进行跨学科整合，突破学科壁垒，拓展课堂空间，重组学科内容，重构学习时空，联动课堂内外，最终为培养具有创新素养与创新能力的祝桥人、上海人、未来的社会主义事业接班人而努力。

（三）综合课程赋能教师

综合课程的开发与实施不止培养了学生的创造力，也培养了教师的课程开发能力，拓展了学校多元发展的特色之路。随着本项目几年的推进与探索，各学校逐步能够把握"创造力培养项目"的基本理念和发展方向，建立以创造力培养为取向的学校教研制度，通过"个人实践反思、同伴交流合作、专业引领创新"，指导和支持参与学校项目的教师有能力开发真正能够激发学生创造力的真实情境任务库和一系列驱动性问题；努力在学校管理团队与教师员工之间、资深教师与新手之间、教师与学生之间、学校与家庭和社区之间，创建并营造相互尊重、民主平等、对话协商的建设性伙伴关系，学校管理团队充分认识到这种新型的伙伴关系是创新与创造的文化土壤；建立健全教师激励系统，将"创造力培养项目"成果纳入学校及以上各级部门组织的基础教育教学成果评选范围，鼓励跨学校、多课程形态的教学成果交流，对优秀成果予以奖励，发挥优秀成果的示范引领作用；统筹优化学校社会资源，家、校、社共建，共同促进了学校创新氛围的营造。挖掘尽可以丰富、可利用的各种社区资源，为不同学生任务小组最大可能提供真实场景、可用资源和专家支持。

科技创新联盟通过"创造力培养项目"形成了一批科创特色课程，逐步建设了一批特色教师队伍，改善了办学设施设备条件，也提升了学校的知名度和影响力，促进学校建设成面向未来的科技创新特色学校。

二、存在不足

虽然综合课程的开发取得了丰硕的成果和经验，但是依然有很大的改进空间。

第一，课程开发的深度、广度不够。目前各联盟校综合课程基于区域特色和学生兴趣，强调学生实践，在系统性的理论知识方面有所欠缺，课程开发的深度不够。如何展开深度教学，将学生从实践中获得的经验、培养的兴趣转化为理论知识，从而更好的为实践进行服务，实现螺旋式发展，是值得反思的一个问题。同时，由于理论知识缺乏系统性，课程实施中难以把握难度层级。在综合课程的课程项目设置中，有的学校项目繁多，条理性不够，还需要进一步精炼课程；有的课程项目较单一，需要进一步开发课程的广度。这样才能为学生提供更加丰富的课程选择，并且避免课程重复，节约教学资源。

第二，课程开发对学生的年龄特点与认知差异的认识不足。目前各校的综合课程的授课对象考虑了学段的差异，展开分学段、分年级教学。但是对同一学段内学生个体之间的差异较少顾及。一方面体现了师资力量的匮乏，另一方面也体现了科创综合课程课时安排灵活性有待改进。

第三，科创综合课程与项目化学习的关系处理不够准确。综合课程必然是多学科知识的融合；科创综合课程指向学生创造力培养；综合课程不同于校本课程，是校本课程中跨学科的、指向创造力培养的课程。在现有的课时和师资条件下，综合课程要与学科基础课程相结合，既要培养学生创造力，也要为学生更好地进行基础课程学习服务。目前各校的综合课程与学科基础课程的关系比较疏远，需要将两者进行有机结合。

三、努力方向

第一，继续坚定课程改革的综合化方向。综合化是现代课程改革的重要趋势，课程改革需顺应这一趋势，加强学科之间的联系和渗透。综合课程符合时代发展要求，有利于素质教育的进一步推进，有力地促进了学生全面发展。"创造力培养项目"科创联盟从区域特色出发，依托科创项目学校综合课程，发展出一套指向学生创造力发展的有效方案。

第二，继续优化综合课程方案的顶层设计。在学校课程结构中有综合课程和学科基础课程的设置，两者相辅相成。"学科课程的逻辑起点是学科，而综合课程的逻辑起点是经验"。知识与经验均是构成学生发展的必要条件，学科课程与综合课程之间的功能互补关系是课程体系建设中需考虑的一对重要关系。在联盟综合课程开发过程中，要进一步厘清综合课程与基础性学科课程的关系，深化课程改革。从基于少数教师转变为以学科教研组为单位，充分动员各学科教学力量，集思广益，扩大综合性课程教师队伍，将综合课程与基础性学科课程有机结合起来。

第三，继续落实综合课程开发与实施的各个环节。不断充实相关学科和教育教学理论知识，制定更加科学合理的课程纲要作为课程实施的依据。增强活动设计的创意，以此增强学生参与的积极性。将各校开发的优质课程资源进行进一步完善，与国家必修课程相结合。同时，综合课程的实施要继续发掘社会资源，与相关科技场馆和高校展开更加广泛更加深入的合作，提高家长的支持和参与度，汲取社会各方力量，共同为提高学生的创造力而努力。制定更加科学有效的评价量规，使评价更加体现时效性。推动学、教、评一体化实施，帮助学校在科技创新综合课程基础上实现学生创新能力、教师创造力培养能力、学校创新文化建设三方面协调发展。

第四，继续发挥区域联动和联盟共建的优势。科创联盟涵盖了小学、初中、高中三个学段，为综合课程提供了丰富的样本和实施空间。可以充分挖掘不同学段的学生特点，整合各类资源，使课程面向更多学段学生，实现各校之间的课程资源共享，发挥综合课程的最大价值，也为教师发展提供更加广阔的平台，实现学生、教师、学校的共同健康发展。

第二章 创造力综合课程

第一节 周浦中学"生活教育"综合课程

一、综合课程结构

"生活教育"综合课程结构如图 2-1 所示。

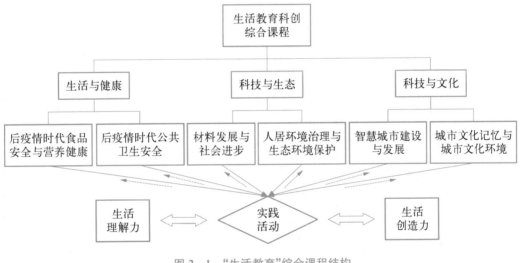

图 2-1 "生活教育"综合课程结构

二、综合课程内容

"生活教育"综合课程内容如表 2-1 所示。

表 2-1 "生活教育"综合课程内容

模 块	项 目	实 验 项 目
模块一 后疫情时代食品安全与营养健康	**项目一 后疫情时代食品安全与营养健康的新未来** 任务一 食育与中华饮食文化 任务二 新型功能性营养物质在食品中良好应用 任务三 食物大量储存营养不均衡现象	实验一 利用乳酸菌发酵制作酸奶的实验 实验二 食物多样化的搭配

模　块	项　　目	实验项目
模块一　后疫情时代食品安全与营养健康	**项目二　产品的健康和安全标签** 　　任务一　食品安全标准与安全监管 　　任务二　食品营养标签和食品安全	实验　如何读懂标签上的食品安全和营养信息
	项目三　功能性食品、植物基食品以及老年食品 　　任务一　中医药与免疫力调节 　　任务二　新兴健康饮食——植物基食品 　　任务三　老年功能性食品	实验　传统养生健康饮品酸梅汤的制作
模块二　材料发展与社会进步	**项目一　材料发展的重要性** 　　任务一　材料对产品的重要性 　　任务二　新材料发展对实现制造强国战略的重要性	
	项目二　金属材料的发展与应用 　　任务一　金属材料现状与未来 　　任务二　金属材料在汽车上的应用	实验　合金性质与组成金属的性质进行比较分析
	项目三　纳米材料的发展与应用 　　任务一　纳米材料的现状与未来 　　任务二　纳材料在生活中的应用	实验　调查了解纳米材料的特性
模块三　人居环境治理与生态环境保护	**项目一　生活垃圾资源化** 　　任务一　生活垃圾无害化处理 　　任务二　生活垃圾减量化对策 　　任务三　生活垃圾资源化利用	实验　垃圾减量的城市调研
	项目二　饮用水资源保护 　　任务一　全球水资源危机原因 　　任务二　饮用水水源地如何保护 　　任务三　上海市饮用水水源地保护	实验　上海水质调查
	项目三　大气污染防治 　　任务一　全球大气污染现状与原因 　　任务二　大气污染的全球行动 　　任务三　中国大气污染防治	实验　上海大气环境质量数据统计
	项目四　电池污染的处理 　　任务一　电池对环境的污染大吗 　　任务二　电池的回收利用	实验　城市中电池使用调研
模块四　后疫情时代公共卫生安全	**项目一　重大传染病的应对** 　　任务一　人类历史上重大传染疾病 　　任务二　重大传染病的应急处理 　　任务三　新冠肺炎的应急处理	实验　新型冠状病毒各个国家的应对措施进行分析

模　块	项　目	实验项目
模块四　后疫情时代公共卫生安全	**项目二　青少年健康行为管理** 任务一　近视对未来发展的影响 任务二　肥胖对身体和智力的影响	实验　近视对学生生活与学习影响力的调研
	项目三　环境卫生和健康 任务一　城市环境质量对健康的影响 任务二　家庭卫生习惯对个人健康的影响	实验一　调查了解环境卫生对个人健康有哪些影响并举例说明 实验二　从自身做起带动身边人爱护城市环境
模块五　城市文化记忆与城市文化环境	**项目一　寻找周浦老城厢记忆** 任务一　回忆周浦老城厢故事 任务二　重拾周浦老城厢记忆	实验　探访周浦老城厢
	项目二　感受周浦新文化环境 任务一　寻访周浦新文化环境 任务二　创想周浦新文化未来	实验　寻访周浦街头新文化建设
模块六　智慧城市建设与发展	**项目一　人工智能** 任务一　人工智能的现状与发展趋势 任务二　人工智能在智慧城市建设中的应用	实验　机器人编程
	项目二　大数据应用 任务一　大数据应用的现状与发展趋势 任务二　大数据应用在智慧城市建设中的应用	实验　玩转数据

三、综合课程纲要

"生活教育"综合课程纲要示例见表2-2。

表2-2　"后疫情时代食品安全与营养健康"课程纲要

课程 名称	后疫情时代食品安全与营养健康		课程类型	综合课程
适用 年级	高一	总课时	6	课程对象	高一选修课学生
课程 目标	1. 认识中华饮食文化和本地饮食文化,认识常见的营养物质,认识中医药对免疫力调节的作用,认识植物基食品和老年功能性食品。 2. 了解营养及营养物质的概念和作用,了解食品安全标准,了解营养成分标签的作用。通过标签和国家食品安全标准判断食品安全的方法。 3. 初步掌握一道本地名菜的制作方法,初步掌握一项添加功能性营养物质的食品制作方法,初步掌握对食谱进行营养均衡搭配的方法,初步掌握一道养生饮品的制作方法。			

续　表

	单元主题（课时）	内容项目	主要活动
课程实施	第一单元　后疫情时代食品安全与营养健康的新未来(2)	1. 食育与中华饮食文化 2. 新型功能性营养物质在食品中良好应用 3. 食物大量储存营养不均衡现象	实验一　利用乳酸菌发酵制作酸奶的实验 实验二　食物多样化的搭配
	第二单元　产品的健康和安全标签(2)	1. 食品安全标准与安全监管 2. 食品营养标签和食品安全	实验　如何读懂标签上的食品安全和营养信息
	第三单元　功能性食品、植物基食品以及老年食品(2)	1. 中医药与免疫力调节 2. 新兴健康饮食——植物基食品 3. 老年功能性食品	实验　传统养生健康饮品酸梅汤的制作

		评价组成		课节	学生证据（学生交什么）	评价工具（量规、纸笔测试、技能"执照"等）				反馈设计 自评/互评/师评/观众评/专家评
学习评价	过程评价	创造力40%	ABCDEFG	2/3	同理心地图（KWI - 定义问题-方案）	量规水平1	量规水平2	量规水平3	量规水平4	自评＋师评
	阶段成果	营养健康知识测试	营养师执照	2	团队答题	量规水平1	量规水平2	量规水平3	量规水平4	师评
	最终成果	20%	PQR	1	（包含小组角色工作日志的）合作证据模板——（角色-贡献-冲突）	量规水平1	量规水平2	量规水平3	量规水平4	自评＋互评＋师评
		25%	HK	2	调研结果、自创轻食	量规水平1	量规水平2	量规水平3	量规水平4	互评
		15%	V	3	健康餐品鉴	量规水平1	量规水平2	量规水平3	量规水平4	师评＋受众评

第二节　周浦小学基于 STEAM 理念的"小小设计师"综合课程

一、综合课程内容

"小小设计师"综合课程内容如表 2-3 所示。

表 2-3　"小小设计师"综合课程内容

课程名称	目标（创造力指向）	内　　容	实施（主要活动方式）	评价	对象	选/必修
小小工程师	1. 激发学生的好奇心。 2. 培养学生想象力。 3. 提升学生动手创造能力。 4. 训练语言表达能力。 5. 提升探究合作精神。	1. 认识车辆的发展史,通过古今车辆的发展变化了解。认识车模。展示车模(实物、图片等),激发学生对车模的兴趣。 2. 说说你的认识。学生结合学习和生活中所见,表达自己对车模的了解。 3. 结合家校合作,小组探究的方式前往汽车博物馆等第进行实地参观学习。 4. 结合以上学习,设计想象的车辆的图纸。 5. 为自己设计的车辆图纸进行配色和绘制。 6. 以小组合作的方式,对自己设计想象的车进行介绍。 7. 车模制作。利用学生自己设计的车模图纸,结合泥塑,捏制。 8. 对泥塑车模成品进行展示,设置情景开展交流活动。 9. 修改设计想象的车模,结合计算机课程,通过设计软件,在电脑中呈现修改的车模。 10. 对车模进行彩绘展示。 11. 小组合作制作海报。 12. 学校科技节期间进行展示。	1. 多途径认识了解车辆发展史、车模类型介绍。 2. 设计心目中的车辆,进行图纸设计、图纸绘画。 3. 制作心目中车辆的模型。 4. 设计海报,宣传创意车模。	自评 互评 师评	三、四、五年级	必修

课程名称	目标（创造力指向）	内　　容	实施（主要活动方式）	评价	对象	选/必修
小小建筑师	1. 激发学生的好奇心。 2. 培养学生想象力。 3. 提升学生动手创造能力。 4. 训练语言表达能力。 5. 提升团队协作能力。	1. 认识中西方典型的古建筑;了解影响建筑风格的人文因素。 2. 通过动手制作环球建筑模型,理解建造技术是一个更新迭代的过程。 3. 了解建筑选材需要考虑的因素;能说出就地取材的建筑案例。 4. 了解穹顶的建造技术,制作穹顶建筑模型,感知建筑中的压力与平衡。 5. 了解榫卯结构的建造技术,制作榫卯互动装置。 6. 认识建筑与环境的关系,能批判性地思考建筑对环境的影响。 7. 综合运用各学科知识,设计制作能够应对未来环境变化挑战的建筑模型。 8. 利用作文的方式将学校整体或者局部书写下来。 9. 利用英语手抄小报的方式展现心中想象的校园。 10. 通过绘画的方式展现校园,通过泥塑的形式将想象的校园一角展现出来。 11. 通过摄影摄像方式将泥塑作品拍摄下来。 12. 教会学生利用电脑软件绘制图像运用电脑软件将校园绘制出来。 13. 利用乐高积木将自己想象的校园一角搭建出来。	1. 认识不同时期、文化背景下的建筑及其特点;能够合理在建筑设计中选择合适的结构类型,感受建筑结构"以柔克刚""大道至简"的艺术魅力。 2. 以建筑设计的过程为载体,体验工程师的工作过程,激发了解建筑、保护建筑、设计建筑的兴趣。 3. 了解学校校舍的变迁,探寻发现目前学校校舍的问题。 4. 设计心目中美丽校园一角,并以不同形式呈现设计的内容。	自评 互评 师评	三、四、五年级	必修
小小服装设计师	1. 激发学生的好奇心。 2. 培养学生想象力。 3. 提升学生动手创造能力。 4. 训练语言表达能力。	1. 了解欧洲、美洲、亚洲、大洋洲,首先要初步了解各国的民族文化、历史和气候,解析民族服饰材质、色彩和特征。 2. 通过一个主题首先进行中国服饰的探讨,与国外服饰做简单的对比,强化中国与世界的联系,体现中国民族文	1. 通过了解各个民族服饰的发展,让学生明白服装在文化中的重要性。 2. 了解各民族的差异,激发	自评 互评 师评	三、四、五年级	必修

续　表

课程名称	目标（创造力指向）	内　容	实施（主要活动方式）	评价	对象	选/必修
小小服装设计师	5. 增强学生爱国感、提高学生民族自信心。	化源远流长，增强学生爱国感、提高学生民族自信心。 3. 观察身边的服装及装饰，说说你的发现。 4. 布料探究课以小组合作为主，让每名学生参与材料的处理方式中，探究、记录、了解每一种材质的特性，掌握不同的材质处理方式。 5. 布料拼贴指导。拼贴风成为潮流，很多服饰的设计都运用了布料拼贴的方式。 6. 旧物改造指导。利用废旧物品，对服装上的装饰进行设计并制作。 7. 观察本校的校服，画出平面稿图，分析校服的设计特点和功能，找出设计中的不足/存在的问题，提出可能的校服改进。 8. 校服造型设计。确认校服设计的线稿以及零部件设计，在线稿设计的基础上确认校服的色彩搭配，完成线稿上色，确定校服用料。	学生兴趣，启发学生潜能。 3. 利用废旧材料制作服装，在服装设计和制作过程中提高艺术修养。 4. 能在学校艺术节上进行制作服装的走秀展示。	自评互评师评	三、四、五年级	必修

二、"小小设计师"综合课程纲要

"小小设计师"综合课程纲要如表2-4所示。

表2-4　"小小设计师"综合课程纲要

课程/科目名称	基于STEAM理念的"小小设计师"课程（3个子项目）			课程类型	综合课程
适用年级	3—5年级	总课时	66课时	人　数	90名学生
课程简介	基于STEAM理念的"小小设计师"课程实施的设计思路，主要是让学生先观察了解，激发兴趣，再学习新知，动手操作，接着不断实践，练习体验。通过跨学科内容、多授课形式、全展示途径来提升学生的综合能力。主要分为三个子课程，分别为"小小工程师""小小建筑师"和"小小服装设计师"。每个子课程内容由四个板块构成，一是科普知识内容，二是激发创作灵感，三是动手操作实践，四是主题展示。				

开发背景	1. 课程定位 　　培养学生成为面向未来的具有创新精神、实践能力、国际视野的新时代德智体美劳全面发展的社会主义合格建设者和可靠接班人；培育一支能适应基于STEAM教育理念的科创教育特色的师资队伍，让教师成为课程的促进者、研究者、开发者；形成基于STEAM理念的"小小设计师"综合课程教育特色课程体系为载体的办学特色，并建构科学性、创新性、实践性的区域特色课程体系。 2. 学情分析 　　四、五年级的学生从一年级开始就学习学校课程计划中设置安排的探究课程，已初步具备自己的科学思维方式，对科学探究过程有所了解，并能运用探究的方式解决问题。学生整体学习比较认真，但对理解一些知识内容还不深刻，运用能力不够；独立探究和主动探索的意识还不强；学生对周围世界有着强烈的好奇心和探究欲望，本课程内容联系生活实际，贴近学生的生活，强调用符合学生年龄特点的方式学习，学生必然会表现出浓厚的兴趣。 3. 课程开发资源 　　学校课程资源包括培养一批学识优良，业务精湛，师德高尚，爱岗敬业，会教学、教研的师资队伍；在学校改扩建条件比较艰难的情况下，创建了"车模创新实验室"和"OM创新实验室"。围绕课程内容，撰写完成三个子项目各单元学习内容和教学设计。挖掘学校先有的器具设备，添置了结合本课程实施所需的器材和实践操作资源包。根据课程内容实施，结合学校各类主题教育活动提供展示平台。

三、"小小设计师"综合课程单元与项目活动设计

"小小设计师"综合课程单元与项目活动设计如表2-5～表2-8所示。

表 2-5　子项目 1——"小小工程师"(12 课时)

学习目标	1. 认识了解车辆发展史、车模类型介绍。 2. 设计心目中的车辆，进行图纸设计、图纸绘画。 3. 制作心目中车辆的模型。 4. 设计海报，宣传创意车模。			
学习主题/活动安排	单元主题	课时	学习内容或活动	实施建议/要求
	单元一：了解车模	4	1. 认识车辆的发展史，通过古今车辆的发展变化了解。 认识车模；展示车模(实物、图片等)，激发学生对车模的兴趣。(1课时) 2. 说说你的认识。学生结合学习和生活中所见，表达自己对车模的了解。(1课时) 3. 结合家校合作，小组探究的方式前往汽车博物馆等第进行实地参观学习。(2课时)	单元一的内容，主要目的激发学生的好奇心。 对车辆发展史的了解，欣赏古今中外车辆的外形特点性能等，是学生进入课程学习的第一课，激发学生学习的兴趣。 让学生充分表达自己所见、所查阅的资料进行口头表述。 实地参观也是激发学习兴趣的一种方式。

续　表

	单元主题	课时	学习内容或活动	实施建议/要求
学习主题/活动安排	单元二：设计想象的车	2	1. 结合以上学习设计想象的车辆的图纸。(1课时) 2. 为自己设计的车辆图纸进行配色和绘制。(1课时) 3. 以小组合作的方式,对自己设计想象的车进行介绍。	学生想象力的培养是本课程最为关键的一点。课程实施中,充分发挥学生的自主性,以教师引导、同伴互助的方式促进学生有效开展学习内容。
	单元三：动手做一做	4	1. 车模制作。利用学生自己设计的车模图纸,结合泥塑,捏制。(1课时) 2. 对泥塑车模成品进行展示,设置情景开展交流活动。(1课时)(调整实施中) 3. 修改设计想象的车模,结合计算机课程,通过设计软件,在电脑中呈现修改的车模。(2课时)(调整实施中)	整个过程中注重学生制作的情况反馈,引导学生自主交流思考,配色、塑形、想象,通过探究引导,让学生实施更加清晰。
	单元四：项目成果评价	2	1. 对车模进行彩绘展示。(1课时) 2. 小组合作制作海报。(1课时) 3. 学校科技节期间进行展示。	既是展示,也是评价。作为学校科技节活动项目之一,让全校师生评价学生学习成果。
备　注	子项目1,目前已结合"车模创新实验室"项目完成实施评审。其中结合家校合作,以小组探究的方式前往汽车博物馆等地进行实地参观学习的2课时,以及动手制作单元的设计处于调整中。			

表 2－6　子项目 2——"小小建筑师"(30 课时)

学习目标	第一学期 16 课时 1. 认识不同时期、文化背景下的建筑及其特点;知道建筑构造与人类活动的关联。 2. 了解砌体结构、拱形结构、榫卯结构、桁架结构的作用及其特点,能够合理在建筑设计中选择合适的结构类型。 3. 以建筑设计的过程为载体,体验工程师的工作过程。 4. 通过分析和探究建筑结构的受力情况,提高分析问题、解决问题的能力。 5. 通过感知建筑与人类的关联,激发了解建筑、保护建筑、设计建筑的兴趣。 6. 通过搭建榫卯、穹顶等结构,感受建筑结构"以柔克刚""大道至简"的艺术魅力。 第二学期 14 课时 1. 了解学校校舍的变迁。 2. 探寻发现目前学校校舍的问题。 3. 设计心目中美丽校园一角的模样。 4. 以不同形式呈现设计的内容。

续　表

	单元主题	课时	学习内容或活动	实施建议/要求
学习主题/ 活动安排 (第一学期)	单元一: 走近建筑	2	1. 认识中西方典型的古建筑;了解影响建筑风格的人文因素。 2. 通过动手制作环球建筑模型,理解建造技术是一个更新迭代的过程。	现代建筑设计不仅需要考虑安全性和舒适性,还要能够应对未来环境变化的挑战,未来建筑的命题由此而生。
	单元二: 古今中外的建筑智慧	8	就地取材 1. 了解建筑选材需要考虑的因素,能说出就地取材的建筑案例。 2. 认识砌体结构,运用砌体结构制作冰屋模型。 穹顶之下 1. 认识穹顶结构,能说出穹顶的代表建筑。 2. 了解穹顶的建造技术,制作穹顶建筑模型,感知建筑中的压力与平衡。 榫卯匠心 1. 认识榫卯结构,知道榫卯在木构建筑中以柔克刚的作用。 2. 了解榫卯结构的建造技术,制作榫卯互动装置。 3. 感知榫卯经久不衰的魅力和古代工匠的智慧。	带领学生复刻古今中外经典和先锋的建筑构造,探索古今中外的建筑智慧,并最终在"未来建筑设计"这一真实问题的驱动下,综合运用跨学科知识攻克建筑领域的难题,批判性地思考建筑与环境发展的关系,引发对科技如何改善人类生活的新思考。
	单元三: 未来建筑设计师	6	摩天大楼 1. 了解建造摩天大楼的建造过程和科学依据。 2. 认识阻尼器和核心筒,通过科学探究的方法,设计制作满足抗震要求的摩天大楼。 未来建筑 1. 认识建筑与环境的关系,能批判性地思考建筑对环境的影响。 2. 综合运用各学科知识,设计制作能够应对未来环境变化挑战的建筑模型。	整个过程中注重培养学生的想象力和创造力。组织探究实践活动,以培养学生动手实践能力。
学习主题/ 活动安排 (第二学期)	单元一: 了解学校历史	3	1. 老教师或退休教师讲述学校历史文化等。 2. 中青年教师讲述学校变迁的历史。 3. 年轻教师分享自己对校园历史的认识。	了解学校悠久的历史,激发学生对于新校园的向往。
	单元二: 探寻学校现状	3	1. 参观学校教室、专用教室。 2. 参观学校操场、体育馆、武术房。 3. 参观学校食堂、校门、卫生室、厕所。	探寻学校目前存在的问题,引导学生想象自己心中的校园场景。

续　表

	单元主题	课时	学习内容或活动	实施建议/要求
学习主题/ 活动安排 （第二学期）	单元三： 想象心目 中的新校 园	8	1. 利用作文的方式将学校整体或者局部书写下来。（1课时） 2. 利用英语手抄小报的方式展现心中想象的校园。（1课时） 3. 通过绘画的方式展现校园。（1课时） 4. 通过泥塑的形式将想象的校园一角展现出来。（1课时） 5. 通过摄影摄像方式将泥塑作品拍摄下来。（1课时） 6. 教会学生利用电脑软件绘制图像，运用电脑软件将校园绘制出来。（2课时） 7. 利用乐高积木将自己想象的校园一角搭建出来。（2课时）	引导学生通过不同形式将自己心目中的新校园展现出来。整个过程中注重培养学生的想象力和创造力。组织探究实践活动，以培养学生动手实践能力。
备　注	子项目2，结合学校改扩建的契机，调整了之前的项目计划和内容。较另外两个子项目更为具体和丰富，利用学校改扩建和新校区的装饰，引导学生创新思维，激发学生参与的热情，培养学生主人翁精神，为学校校舍的建设贡献自己的力量。			

表2-7　子项目3——"小小服装设计师"（8课时）（第一学期实施内容）

学习目标	1. 通过了解各个民族服装的发展，让学生明白服装在文化中的重要性。 2. 了解各民族的差异，激发学生兴趣，启发学生潜能。 3. 利用废旧材料制作服装，在服装设计和制作过程中提高艺术修养。 4. 能在学校艺术节上进行制作服装的走秀展示。			
	单元主题	课时	学习内容或活动	实施建议/要求
学习主题/ 活动安排	单元一： 世界服装 赏析	1	了解欧洲、美洲、亚洲、大洋洲，首先要初步了解各国的民族文化、历史和气候，解析民族服装材质、色彩和特征。（2课时）	通过文献资料、影视资料和学生自己的课外搜集，探索世界服装。
	单元二： 中西服装 差异	1	通过一个主题首先进行中国服装的探讨，与国外服装做简单的对比，强化中国与世界的联系，体现中国民族文化源远流长，增强学生爱国感、提高学生民族自信心。	让学生通过多彩服装的起源和变化因素来认识各国的文化、地域、气候等，还要通过挖掘传统文化的内涵，与这些元素巧妙地结合在一起，才能够收获意想不到的视觉效果和时装体验。

续　表

	单元主题	课时	学习内容或活动	实施建议/要求
学习主题/活动安排	单元三:服装设计实践上动手制作	4	以小组合作为主的材质探究课。 1. 观察身边的服装及装饰,说说你的发现。 2. 布料探究课以小组合作为主,让每名学生参与材料的处理方式中,探究、记录、了解每一种材质的特性,掌握不同的材质处理方式。(2课时) 3. 布料拼贴指导。拼贴风成为潮流,很多服装的设计都运用了布料拼贴的方式。 4. 旧物改造指导。利用废旧物品,对服装上的装饰进行设计并制作。(2课时)	本课程以结合美术课与语文课的形式进行探究性学习,在教师的指导下,从服装的发展、演变、各民族特色出发,选择和明确研究主题,进行实践性学习。 在实践性学习的过程中,教师要充分发挥学生的主体性,充分激发学生的想象力,注重学生的实践和体验,培养学生在实践过程中主动获取知识、应用知识、解决问题的能力。 整个过程中注重培养学生的想象力和创造力。组织探究实践活动,以培养学生动手实践能力。
	单元四:成果展示活动	2	科技节、艺术节或者儿童节活动中进行展示。 1. 小组合作,将各自设计制作的服装或饰物进行分类。(1课时) 2. 根据不同分类的服装,进行走秀安排指导。(2课时)	经过一个阶段的学习,安排一次"小小服装设计师"课程的服装秀,让学生有一个展示的平台,增加学生的自信心和兴趣。
备　注	子项目3,目前已实施部分内容,设想在明确新校区后,对学校校服设计和装饰上进行改进,培养学生的审美意识,凸显当代小学生的个性特点。			

表2-8　子项目——"小小服装设计师"(16课时)(第二学期实施内容)

学习目标	小小校服设计师课程以项目制学习为导向,发布改良校服的任务,学生通过学习造型、色彩、面料等设计知识完成校服设计任务。 1. 了解服装设计基本知识。 2. 通过欣赏、评述校服,从不同角度分析服装设计。 3. 掌握绘制服装设计平面图的技能。 4. 激发学生热爱设计、热爱学校的情感。			
	单元主题	课时	学习内容或活动	实施建议/要求
学习主题/活动安排	单元一:任务发布,初识工具	2	1. 发布任务,情景引入,设计校服或其装饰。 2. 观看服饰DIY视频,总结服装设计需要的知识——设计、缝纫机器。 3. 认识缝纫机。	校服记录材料要呈现,对设计有基本认识。

续　表

	单元主题	课时	学习内容或活动	实施建议/要求
学习主题/活动安排	单元二：造型设计指导	6	**造型设计之轮廓造型(1)** 1. 造型和穿着对象的季节、地点等因素相关，分为活泼、成熟、优雅等不同风格。 2. 欣赏不同风格的设计案例，总结不同风格的轮廓造型。 **造型设计之局部造型(2)** 1. 讲解造型设计中的线条/图案。 2. 欣赏不同设计，关注领子、袖口、纽扣等局部造型。 3. 绘制领结设计平面图。 4. 利用缝纫机制作领结。 **色彩设计之色彩风格(2)** 1. 讲解色彩设计规律，根据场合、季节、人群合理选择服装的色彩。 2. 欣赏不同风格服装采用的不同色彩（正装、休闲装、礼服、运动服）。 3. 赏析色彩搭配的经典案例，了解服装设计中主色、辅助色和点缀色的关系。 **面料设计(1)** 1. 讲解面料的选用、裁剪、制作的工艺。 2. 观察不同面料，思考不同的面料适合的衣物类型。	充分了解关于服装设计的关键要素：轮廓造型、局部造型、色彩风格、面料设计与搭配。
	单元三：我们的校服	6	结合学校新校区建筑风格，学校迎来新气象，一起来设计我们的新校服。 1. 观察本校的校服，画出平面稿图。 2. 分析校服的设计特点和功能，找出设计中的不足/存在的问题。 3. 提出可能的校服改进方案。 4. 欣赏国内外校服优秀设计案例，分析设计细节，总结不同国家校服设计的差异。 5. 校服造型设计。确认校服设计的线稿以及零部件设计。 6. 在线稿设计的基础上确认校服的色彩搭配，完成线稿上色。确定校服用料。	在实践性学习的过程中，教师充分发挥学生的主体性，充分激发学生的想象力，注重学生的实践和体验，培养学生在实践过程中主动获取知识、应用知识、解决问题的能力。 整个过程中注重培养学生的想象力和创造力。组织探究实践活动，以培养学生动手实践能力。
	单元四：成果展示活动	2	展示交流： 展示校服和校徽设计方案和设计理念，教师和学生交流评价。	经过一个阶段的学习，安排一次课程成果展示和评价，让学生有一个展示的平台，增加学生的自信心和兴趣。
备　注			子项目3，第二部分内容，还在不断研究修改中。	

第三节　实验学校东校基于 STEM 理念的 "创·生"综合课程

一、综合课程结构

"创·生"综合课程结构如图 2-2 所示。

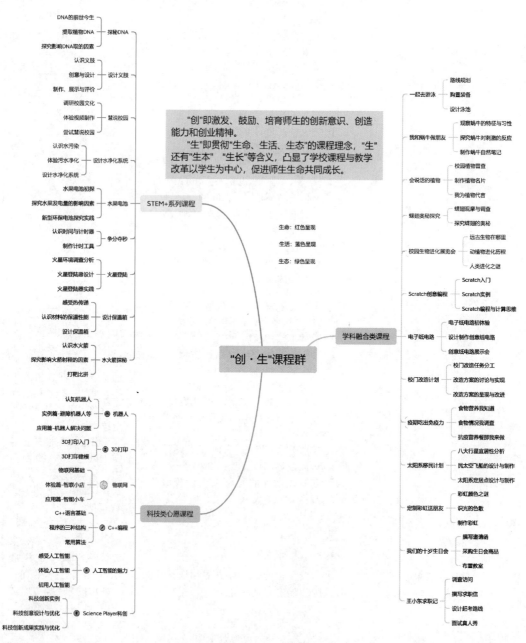

图 2-2 "创·生"综合课程结构

二、综合课程内容

"创·生"综合课程内容如表 2-9 所示。

表 2-9　"创·生"综合课程内容

课程名称	目标（创造力指向）	内　容	实施（主要活动方式）	评　价	对象	选/必修	备注
STEM+系列课程							
设计义肢	1. 提升协作精神，作品分享 2. 提升批判性思维 3. 学会调查研究的方法	1. 创设情境，提出问题 2. 认识义肢 3. 简单机械 4. 定义问题 5. 创意与设计 6. 3D建模与制作 7. 组装、测试、改进 8. 展示与评价	1. 调查访谈 2. 网络探究、搜集材料 3. 分组设计、制作 4. 改进、优化，产品发布与评价 5. 总结反思	1. 实施前，利用问卷诊断性评价 2. 实施中，利用班级优化大师形成性评价 3. 实施后，问卷星开展创造力测评	七年级	必修	生命
设计水净化系统	1. 水净化知识和净水技能 2. 科学求真、求证的精神 3. 批判性思维 4. 问题解决能力 5. 领导力	1. 认识水污染 2. 设计、制作水净化器 3. 检测水质	1. 调查、检测水质 2. 搜集材料 3. 设计、制作、改进水净化器 4. 检测净水效果 5. 展示推销 6. 自评反思	1. 创意设计 2. 功能实现 3. 展示答辩 4. 合作投入	七年级	必修	生活生态
水火箭探秘	1. 科学探究能力 2. 批判性思维 3. 沟通与合作能力 4. 坚韧品质（不怕失败） 5. 科学基本素养	1. 认识水火箭 2. 探究飞行高度、角度 3. 制作降落伞	1. 协同制作 2. 好奇探究 3. 测试改进 4. 展示汇报 5. 自评反思	1. 创意设计 2. 功能实现 3. 展示答辩 4. 合作投入	七年级	必修	生活
科技类心愿课程							
机器人	1. 创新创造 2. 想象力 3. 批判性思维 4. 沟通协作	1. 基础入门 2. 认识传感器 3. 机器人创意与设计 4. 挑战综合任务	1. 创设情境 2. 设计与建构机器人 3. 编程测试 4. 交流与评价	1. 作品 2. 真实测试 3. 自我检测	六、七年级	选修	生活

续　表

课程名称	目标（创造力指向）	内　容	实施（主要活动方式）	评　价	对象	选/必修	备注
物联网	1. 好奇心 2. 批判性思维 3. 沟通协作	1. 基础入门 2. 探究传感器 3. 物联网作品创意与设计 4. 解决生活中问题	1. 创设情境 2. 设计方案 3. 小组合作，制作产品 4. 展示与评价	1. 特色作品 2. 真实测试 3. 自我检测	六、七年级	选修	生活
人工智能的魅力	1. 好奇与想象力 2. 沟通与协作，包容不确定性 3. 批判性反思	1. 自动驾驶发展与应用 2. 机器学习与视觉技术 3. Python程序设计与工程设计	1. 情境导入 2. 方案设计 3. 迭代优化 4. 挑战综合任务 5. 展演与评价 6. 总结与反思	1. 工程日志 2. 演讲展演 3. 测试打分	六、七年级	选修	生活生态
Science play 科创	1. 质询精神 2. 协作精神 3. 想象力 4. 创造力	1. 科创案例分析 2. 工程设计与制作 3. 科技创意方案设计 4. 社会调查研究 5. 发明创造设计与制作	1. 科创案例讲解 2. 科创问题交流 3. 科创方案设计 4. 初步方案展示 5. 点评与优化 6. 方案优化 7. 实践与制作 8. 作品测试 9. 展示与优化	1. 工程设计作品的测试与评价 2. 科技创意或者制作的展示、点评、打分、优化	四、五年级	选修	生活
学科融合类课程							
我和蜗牛交朋友	1. 观察动物的能力 2. 实验探究能力 3. 协作与表达能力	1. 观察记录 2. 探究蜗牛习性 3. 制作自然笔记或实验报告	1. 家庭观察 2. 实验探究 3. 记录思考 4. 展示汇报 5. 自评反思	1. 创意设计 2. 功能实现 3. 展示答辩 4. 合作投入	六年级	必修	生命

续 表

课程 名称	目标 （创造力指向）	内 容	实施（主要 活动方式）	评 价	对象	选/ 必修	备注
蝶翅 奥秘 探究 活动	1. 问题预设、 小组分工 合作、互动 讨论等形 式 2. 在自主的 活动过程 中提高学 生的分析、 归纳能力 和动手实 践能力	1. 观摩导入 2. 引出问题 3. 小组分工 4. 学生探究 5. 活动评价	采用实验法、观察法和比较法等进行探究	教师倾听各组交流活动结果，并针对探究问题设计任务单，从探究主动性、过程科学性、方法可行性、结果有效性等方面进行客观评价	七年级	必修	生态
Scratch 创意 编程	1. 想象力 2. 抽象模型 3. 批判性思 维	1. Scratch 编 程的基础 概念和特 点 2. 制作动画、 互动游戏 作品的方 法 3. Scratch 创 意编程作 品制作的 一般过程	1. 情境导入 2. 分析问题 3. 制作作品 4. 调试优化 5. 展示评价	1. 作品集 2. 同伴互评	六年级	必修	生活
校门 改造 计划	1. 批判性审 视作品优 劣的方法 2. 建筑设计 的高级决 策 3. 工程改造 中的创新 预见 4. 理解和尊 重下的团 队合作	1. 在真实情 境中发现 问题及核 心任务 2. 小组合作， 形成团队 3. 校门改造 计划的方 案策划 4. 校门改造 计划的图 纸设计 5. 校门改造 计划的模 型制作 6. 校门改造 计划的展 示发布	1. 调查访谈 2. 分组辩论 3. 资料分析 4. 情报收集 5. 文案撰写 6. 图纸设计 7. 预算估算 8. 模型制作 9. 发布演讲	1. 团队分组 时的发展 性评价 2. 方案策划 与撰写过 程中的形 成性评价 3. 方案与图 纸作品的 终结性评 价 4. 作品展示 发布时的 票选测评 5. 专家评价	八年级	选修	生活

课程名称	目标（创造力指向）	内　容	实施（主要活动方式）	评　价	对象	选/必修	备注
疫期吃出免疫力	质询精神、协作精神、想象力、自律	疫情防控期间，利用家中的食材，根据家人的需求，为其设计并制作抗疫营养餐，养成健康饮食观念，形成家庭责任意识。	跨学科项目化学习	自评、互评、教师评价、大众投票	五年级	选修	生活生命
我们的十岁生日会	1. 提升团队协作能力 2. 提升学生的数学核心能力 3. 学会数学综合能力的应用	1. 入项，提出驱动型问题、分组及任务分配 2. 实施，分析、解决子问题 3. 评估阶段：成果出项、学习评价	1. 撰写邀请函 2. 根据实地走访、线上调查，制作一份购物小票 3. 温馨教室布置	1. 以小组的方式从"活动态度、活动方法、活动成果"三个维度的方式进行自评、互评 2. 评价细则在每一个活动进行前都一一告知，做好阶段性自评和互评 3. 师评和综评等活动全部结束再评。	三年级	选修	生活生命

三、综合课程纲要

"创·生"综合课程纲要如表 2-10～表 2-12 所示。

表 2-10　"设计水净化系统"综合课程纲要

课程名称	设计水净化系统		课程类型	综合课程
适用年级	六、七	总课时　16	所属学科	科学、信息科技、美术
课程目标	1. 通过水质检测，识别校园鱼池中的污染物（包括不溶物、可溶物、微生物），关注水污染、污水处理等问题。 2. 通过沉淀、过滤、吸附、加氯消毒、蒸馏等实验，了解不同的水净化方法、原理，认识不同的材料的净水效果。			

续　表

课程目标	3. 借鉴常见水净化器的结构,为校园鱼池初步设计水净化方案,并利用常见材料制作简易水净化器。 4. 通过测试、改进、评价水净化系统的好坏,学会净化污水,培养工程思维、创新精神和实践能力。 5. 通过小组合作解决真实问题,培养合作交流和承担社会责任的意识。
大概念	材料的结构与功能

课程实施	单元主题 (课时)	内容项目	主要活动
	第一单元: 认识水污染(4)	1. 认识水污染的原因 2. 寻找身边的水污染 3. 认识水净化的意义 4. 尝试净化校园鱼池水	1. 水质检验:鱼池水质达标吗? 2. 实地调查:识别污染物类别 3. 网络探究:水污染的原因和危害 4. 课堂讨论:净水方法知多少? 5. 分析目标:学校对鱼池水质有何要求? 如何净化鱼池水?
	第二单元: 体验污水净化(5)	1. 净化方法 2. 净化原理 3. 净水材料 4. 水净化器	1. 探究实验 　(1) 有哪些净水方法? 　(2) 需要哪些材料,如何操作? 2. 绘制思维导图:不同材料的结构如何决定其功能? 3. 讨论交流: 　如何组合不同材料的结构与功能? 　如何提升净化效果? 4. 拓展阅读:水净化器的发展史 5. 学习与讨论:如何设计水净化器? 净化后水质有何要求?
	第三单元: 设计水净化系统(7)	1. 设计水净化器 2. 制作水净化器 3. 水质检测 4. 改进水净化器 5. 水净化器竞标	1. 思考交流:需求分析 2. 合作分工 3. 绘制草图 4. 组装材料 5. 净化污水 6. 水质检测 7. 讨论交流:分析水质是否达标及原因 8. 制作 PPT 9. 展示与评价 10. 总结与反思

学习评价	1. 过程性评价(活动前的诊断性评价;活动中的形成性评价,通过作品集和特色作业等;活动后的终结性评价,通过问卷星、水质检测报告)。 2. 多元化评价(评价主体多元、评价维度多元、评价方式多元)。 3. 发展性评价(以促进学生素养发展为目标)。

		待发展	合格	良好	优秀
项目化学习中过程性自评量规					
探究与想象	定义问题	辨别需要创造性解决方案的问题。	描述问题或挑战,辨别解决问题所需的信息(什么是已知的、什么是未知的、具体要求等)。	解释问题的重要性,并确定问题的界限。	透过不同的角度(文化、社会、经济等),或从多个立场,深入描述问题,重新定义问题或挑战(从过程的不同点出发)。
	迭代	把想法表示出来(如草图、流程图),以指导实际产出。根据直接反馈,对想法和流程进行修改。	创建一个模型,以验证假设。根据具体反馈,对想法和流程进行有效修改。	创建和验证产品的多个版本,进行复杂或细微的改进。放弃不合理的解决方案。	在迭代中分析成功、失败的变量和模式,为下一步的决策提供信息。寻求有针对性的反馈,来修改想法,在质量和数量方面实现改进。
坚毅与审辨	资源	辨别任务所需的材料/资源。	选择适合产品的材料/资源。	有效地整合材料/资源以开发产品。	调整材料/资源以开发创新的产品;以新的或意想不到的方式使用材料。
	思维模式	解释努力和成功之间的关系(如"我越努力学习,我就越擅长""从现在开始,我将在实践中更加努力学习")。	展现出改进的愿望(如设定改进的目标,向他人寻求帮助)。	展现出成长思维(相信自己通过努力,可以更有创造性),以应对挫折(如坚持执行困难的任务,承担风险,接受并使用反馈,适应犯错误,从成长思维的角度解释失败)。	积极改善自己的劣势,采用有效的策略来提高成长思维(如坚持不懈、冒险、积极寻求他人反馈、寻找和利用外部资源)。
	产出	完成一个产品。	完成产品以满足计划的基本要求。	按计划完成产品,满足所有要求,必要时进行更改。	在原始计划之外改进产品。
合作与担当	连接想法	把他人的想法和自己的想法做比较。	把自己的想法和他人的想法结合起来。	在他人的想法之间建立联系,并以此为基础产生新的独特见解。	综合各种想法,充分利用小组成员的不同优势和视角,开发出一个原创的、有凝聚力的产品。
	目标	为个人工作设定目标,辨别小组成员的个人目标。	解释小组的长期目标,或制定每天目标。	建立与长期目标相关的日常目标。描述小组成员朝着小组目标前进的进展(如解释小组的成功和挑战,以及具体策略的使用如何影响小组的进展)。	描述小组工作的范围和关联性(如解释工作的关键部分如何适应大局)。描述角色和小组目标之间的关系(如解释个人努力如何支持小组进展)。围绕目标,监督个人和小组工作进展,并区分工作的优先次序,在需要的时候做出充分的修正和调整。

表 2‑11 "人工智能的魅力"综合课程纲要

课程名称	人工智能的魅力			课程类型	综合课程
适用年级	六、七	总课时	32	所属学科	信息科技、数学科学、劳技
课程目标	1. 知道人工智能的相关概念;理解人工智能的关键技术及原理,如语音识别、语音合成、图像识别、机器学习等(信息意识)。 2. 了解图形化编程及代码编程语言,初步运用人工智能编程语言,如 Python 实现问题解决(信息意识、计算思维)。 3. 知道人工智能解决问题的一般过程,尝试设计和开发人工智能教学案例,掌握人工智能项目化学习的教学方法(计算思维、数字化学习与创新)。 4. 树立遵守人工智能相关的伦理道德和社会责任的意识(信息社会责任)。				
大概念	人工智能的核心技术:语音识别、语音合成、图像识别、机器学习				
课程实施	单元主题(课时)		内容项目		主要活动
	第一单元:感受人工智能的魅力(6)		1. 不断改写的智能故事 2. 如何判断机器具备智能? 3. 数据、算法与算力 4. 机器学习与深度学习技术 5. "人机大战"背后的深度思考 6. 人工智能让生活更美好		1. 课堂讨论:智能产品知多少? 2. 网络探究:AI 前世今生 3. 实战演练:图灵测试 4. 体验活动:大数据 5. 谈话交流 6. 游戏模仿、微课学习 7. 课堂讨论:人机大战 8. 网络探究:人工智能的三盘棋 9. 展示与评价
	第二单元:体验人工智能(10)		1. 图像识别 2. 语音识别 3. 语音合成 4. 机器学习 5. 知识图谱		1. 体验与思考 (1)"刷脸"进站更便捷 (2)识别植物有"神器" 2. 学习与讨论 (1)机器怎样识别图像? (2)如何提取图像特征并分类? (3)会"看"的机器能帮助人类做什么? 3. 拓展阅读:计算机视觉技术的未来 4. 领先一步的中国"听见" 5. "听话"的智能垃圾桶 6. 学习与讨论:如何让机器能说会道? 7. 体验机器学习的应用 8. 会"长大"的地图 9. 辩论:网上评论"真"与"假"

续　表

	单元主题（课时）	内容项目	主 要 活 动
课程实施	第三单元：初用人工智能——尝试用人工智能解决问题(16)	1. 文字朗读器 2. 校园景点讲解员 3. 智能浇花 4. 人脸识别门禁系统 5. 鲜花识别机器人 6. 自动驾驶	1. 需求分析（功能分解） 2. 方案设计 　（1）设计草图 　（2）流程设计 　（3）编程实现 3. 制作与改进 4. 展示与评价 5. 总结与反思

学习评价

学习成果评价量表(打分表)

　　对学生的作品成果进行评价，主要基于学生作品的完成度、作品设计的实现情况等。

评价说明：

(1)评判学生作品的设计合理性。

(2)评判学生作品的完成度。

(3)评判学生在展示时，是否能够完整地阐述项目的意义及可行性。

评价项目	评价细则	A	B	C	自评	互评	师评
设计合理性	① 学生的假设是合理的，存在解决该问题的逻辑						
	② 学生的设计是否可行						
作品完成度	① 学生作品是否能够实现最初设计的目标						
	② 在迭代过程中，是否对作品进行了合适的修改						
展示清晰度	① 作品展示中是否清晰说明了项目的意义						
	② 是否将系统解决问题的原理展现出来						
	③ 是否能成功实现设计的功能						

表 2-12　“疫期吃出免疫力”综合课程纲要

课程名称	疫期吃出免疫力			课程类型	学科融合课程
适用年级	五年级	总课时	12	所属学科	小学科学、数学、信息科技、美术

续　表

课程目标	1. 通过自主查找查找和教师提供的丰富的学习支架,分析家中食物的营养成分及其作用,感知食物营养的丰富性和差异性,提升均衡饮食的意识。 2. 通过探究实践设计并实施检验食物营养成分的实验,在自主探究的过程中提升方案设计、问题解决等科学素养。 3. 通过调查家中现存食物的情况并形成调查分析报告,形成注重事实和搜集证据的意识,提升调查分析和归纳总结能力。 4. 通过为家人设计"抗疫营养餐"在解决真实问题、完成项目任务的过程中建构关于食物与营养的科学概念框架,提升自主探究、倾听与交流、批判性思维等科学核心素养。	
大概念体系	学科核心概念:人通过获取其他生物的养分来维持生存 跨学科概念:物质和能量 具体概念1:糖类、蛋白质、脂肪、维生素、水和无机盐是食物中的主要营养成分 具体概念2:不同食物中的营养物质不单一且含量不一样 具体概念3:人体通过均衡膳食提供满足生长发育所需的能量和各种营养物质	

	单元主题 (课时)	内容项目	主要活动
课程实施	第一单元: 食物营养我 知道(3)	1. 驱动问题呈现 2. 任务界定 3. 分析家庭饮食情况 4. 预防新冠膳食建议 5. 设计并实施检验食物营养物质的实验	1. 交流讨论:如何增强家人免疫力 2. 思考:如何设计抗疫营养餐 3. 分析:家庭饮食情况 4. 小组讨论:检验食物中淀粉、蛋白质和脂肪的方案 5. 设计和优化:检验食物中淀粉、蛋白质和脂肪的试验 6. 实验:小组合作探究 7. 分析:食物中的营养物质和检验方法
	第二单元: 食物情况我 调查(4)	1. 食物热量和所含营养物质调查 2. 调查和访谈的实施方法 3. 调查家庭食物储备及其营养状况 4. 形成家庭食物调查分析报告	1. 分析:家庭食物储备 2. 查询:各种食物的热量和营养物质含量 3. 学习与讨论 　(1)访谈调查 　(2)行动调查 4. 设计:家庭食物调查计划和访谈提纲 5. 实施:家庭食物调查。 6. 分享与交流:食物调查分析报告 　评价与优化:师生点评食物调查分析报告,基于此进行优化改进
	第三单元: 抗疫营养餐 我来做(5)	1. 调查家人抗疫营养餐需求 2. 分析抗疫营养餐方案合理性 3. 制作抗疫营养餐 4. 班级展示与评价抗疫营养餐项目探究历程 5. 校园大众展示抗疫营养餐项目	1. 交流与分析:家人抗疫营养餐需求 2. 讨论:小组抗疫营养餐方案 3. 分析:抗疫营养餐方案合理性(家人需求、营养、健康、美味角度) 4. 实践:在家中制作抗疫营养餐并拍摄照片和视频 5. 班级展示交流:小组展示抗疫营养餐项目探究历程,其他学生基于评价表对其项目进行评价 6. 校园展示:在校园展示学生抗疫营养餐项目作品,接受大家的评价 7. 总结与反思:本项目的收获,需要进一步探究的问题

续　表

| 学习评价 | 本项目基于深度学习的素养发展框架和科学核心素养的内涵,从核心知识与能力、学习实践过程、项目过程性成果三个维度设计了形成性评价框架(如下图)。 |

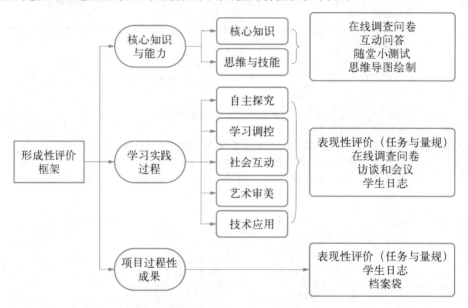

《疫期吃出免疫力》项目中的形成性评价框架

一、核心知识与能力维度

心知识与能力是推进学生在项目探索过程中真实性问题解决、完成项目任务过程中主要的观念、技能和思维。这一维度形成性评价内容的确定需要基于《小学科学课程标准》中关于"食物营养"主题的学习要求,同时整合学科教学基本要求和教材相关内容。

（一）核心知识

为了解学生"食物与营养"主题的朴素观念,笔者进行了在线问卷调查。这一形成性评价方式可以让教师基于此进一步优化课程,针对性地设计有助于概念转变的学习活动。学生在问卷调查的过程也会思考其先前观念的合理性,激发其内在认知冲突为科学概念的有效建构提供基础。此外,本项目还利用互动问答、随堂小测试、思维导图绘制等形成性评价方式进行对核心知识的理解和掌握进行诊断和反馈。例如学生的头脑风暴思考"抗疫营养餐需要满足哪些要求",然后制作图文并茂的抗疫营养餐设计的思维导图,思维导图可以呈现学生对食物营养主题核心知识的理解程度。

（二）科学思维与技能

科学思维是从科学的视角对客观事物的本质属性、内在规律及相互关系的认识方式,主要包括模型建构、推理论证、创新思维等。学生科学思维与技能和往往同时体现在某一项表现性的项目任务之中,在"疫期吃出免疫力"项目中,学生分析家中的食品知道食物中主要营养物质,通过自主查询分析归纳食物中六大营养物质的作用,课后探究中设计并实施检验食物营养物质的实验。教师可以通过学生的实验探究设计方案、实验报告和记录探究实践的图片评价学生的科学方案设计思维能力。

二、学习实践过程维度

在项目化学习中,学生像一个专家(如科学家、工程师)一样在真实的问题情境下进行思考、决策和行动,这一过程中涉及自主探究、学习调控、社会互动、艺术审美、技术应用五类学习实践。

续 表

学习评价	三、项目过程性成果 "疫期吃出免疫力"项目围绕真实驱动性问题,将项目任务分解为三个相互关联的表现性任务并形成过程性成果。在对表现性任务成果进行形成性评价时,教师通过呈现清晰明确表现性评价量规,引导学生对其进行自评和互评,此外教师也可以通过学生日志、档案袋等质性评价方式收集整理学生的过程性成果。形成性的评价是对学生探究实践过程中取得的阶段性成果的鼓励和反馈,学生也可基此调整个项目任务进程。项目过程性成果的评价是促进学生深度学习、维持学生探究动力的重要策略之一。

四、单元与项目活动设计

(一) 设计水净化系统单元概述

本单元采用 STEM 理念和"5E"教学模式,提出"设计水净化系统,净化校园鱼池水"这一任务,引导学生围绕"物质的结构与功能"这一跨学科概念开展科学探究、工程设计,在"界定问题—讨论方案—建造模型—改进模型—测试评价—展示交流"的流程中,通过多次交流、迭代、反思、评价,落实深度学习,培养创造力,发展科学素养和工程素养。

以"水质检测"项目为例,检测污水净化的效果,引导学生反思并不断改进产品设计。本项目有 2 个学时,有 2 个活动组成。

活动一:水质检测实验

(1) 每组取 2 根小试管,分别取 3 ml 净化前、净化后的池塘水。

(2) 观察两种水样的色度、浑浊度、有无肉眼可见物,有无臭味,并记录下来。

(3) 按照试剂瓶上的使用方法,分别用 pH 试剂、重金属检测剂、钙镁离子检测剂、矿物质检测剂、余氯试剂检测水质,对比两种水样的不同。

(4) 完成水质检测报告单(见表 2 - 13)。

表 2 - 13 水质检测报告单

观 测 指 标		净化前	净化后	净化效果	理想的净化效果
定 性	颜色			☺☺☺	无色、透明、清澈
	肉眼可见物			☺☺☺	没有肉眼可见物
	气味			☺☺☺	无异味、无异臭
	重金属含量			☺☺☺	极少
半定量	余氯检测			☺☺☺	0.05—4 mg/L
	钙镁离子检测			☺☺☺	硬度偏大
定 量	pH 值			☺☺☺	6.5～7.5
经综合评估,本净水系统达到养鱼、浇花或嬉戏洗手的水质要求。 组长核查并签名:_____					

活动二:分析水质是否达标及原因

(1)是否满足"清澈、无异色、无异味"要求,为什么?

学生围绕净水材料的"结构与功能"进行思考,一一排查"哪个材料未充分发挥其净水功能",推理论证并提出改进意见。例如,学生观察到净化后的水还有淡淡的色素,说明活性炭对色素的吸附作用不足。从材料的"结构与功能"迁移到水净化器的"结构与功能",学生不但想到要磨碎活性炭,还想到要设置阻塞材料,改变净水器的结构,发挥创意。

(2)对植物、鱼、戏水的同学有何危害?

通过水质检测,学生发现肉眼看上去清澈的水不一定是干净、无害的,水质如何要通过各水质指标来判断。另外,由于植物、鱼和戏水的同学对水质的要求不同,应根据不同用途(养鱼、浇花、嬉戏洗手)改进水净化器,比如,戏水的同学对水质软硬(钙镁离子含量)、余氯含量要求不高,但需要尽可能杀死微生物。而养鱼的水要偏硬的水质、无余氯、可以有少量微生物。

(二)人工智能-自动驾驶单元概述

本单元采用基于项目的学习,在教师引导下发现问题,以解决问题为导向开展方案设计、新知学习、实践探索,具有创新特质的学习活动。项目化学习很大程度上还原了学习的本质,这种基于真实情境的学习能促进学生对信息问题的敏感性、对知识学习的掌控力、对问题求解的思考力的发展。在项目实施过程中,各种能力的综合也促进了学生信息科技学科核心素养的养成。

以项目活动——自动驾驶为例,进一步了解人工智能,并用人工智能解决问题。本项目为5个学时,由3个活动(任务)组成。

学生活动:设计我的自动驾驶程序

(1)谈话交流,提出问题:① 自动驾驶原理及相关硬件? ② 你想实现什么功能? ③ 如何看待自动驾驶的道德规范?

(2)异质分组,明确分工。

(3)分析任务,编程实现。

(三)"疫期吃出免疫力"课程"食物营养我知道"单元概述

在"食物营养我知道"单元中,教师通过视频、文本、图像等方式创设问题情境,呈现驱动性问题"抗疫期间如何为家人设计并制作美味与营养俱佳的营养餐"引发学生的头脑风暴,思考抗疫营养餐需要满足哪些要求,并通过小组合作设计并制作抗疫营养餐思维导图,让学生在设计营养餐的过程中养成家庭责任意识。然后学生分析家中的食品知道食物中主要营养物质,通过自主查询分析归纳食物中六大营养物质的作用,基于教师提供的学习支架设计并实施检验食物营养物质的实验,填写记录实验现象、归纳实验结论、提出问题的学习单,并且拍摄自己实验操作视频和照片,让学生在自主实验探究的过程中提升基于证据分析与归纳的科学思维以及方案设计、问题解决等科学能力。本单元4个学时,由"抗疫营养餐思维导图设计""分析归纳食物中的主要营养成分"和"设计并实施检验食物营养物质的实验"和"食物营养归类"4个活动任务组成。

1. 设计抗疫营养餐思维导图

通过视频、文本、图像等方式创设问题情境,呈现驱动性问题"抗疫期间如何为家人设计并制作美味与营养俱佳的营养餐"引发学生的头脑风暴,学生思考抗疫营养餐需要满足哪些要求。

（1）思考：疫情期间如何增强家人的免疫力。

（2）呈现项目驱动性问题：如何为家人设计抗疫营养餐？

（3）分析和交流：自己家中一日三餐营养状况。

（4）了解：防疫膳食营养指南和居民膳食金字塔。

（5）讨论：家庭抗疫营养餐的设计方案。

（6）设计并制作：抗疫营养餐思维导图。

（7）展示与评价：学生展示抗疫营养餐思维导图,其他师生从营养、健康、美味等角度对他们的设计进行点评。

2. 分析归纳食物中的主要营养成分

学生分析自带食品上的食物营养成分表,通过小组讨论分析归纳出不同食物共同含有的营养物质,利用图片视频进一步巩固学生对食物中营养物质的理解,引导学生正确认识食物中主要营养物质的作用。

（1）讨论：我们常见的食物中有哪些营养物质？

（2）观察：自带食品上的食物营养成分表中标明的营养物质。

（3）分析与归纳：各种食物中共有的三种营养物质糖类、蛋白质、脂肪。

（4）讨论与交流：除了糖类、脂肪和蛋白质,食物中还有哪些营养物质？

（5）阅读与观看：食物中六种营养物质及其特点。

（6）小结：食物中的六种营养物质。

（7）讨论：食物中的营养物质有好坏之分吗？ 脂肪对人体健康有什么作用？

（8）分析：食物中六种营养物质的作用。

（9）查阅资料：利用平板查阅相关资料。

（10）分析与归纳：归纳六种营养物质的作用。

（11）制作：食物营养物质思维导图。

3. 设计并实施检验食物营养物质的实验

学生借助学习支架小组协作设计检验某一营养物质的实验方案,实验前进一步分享、优化实验方案,实验后在线平台展示实验结果、分析实验现象,基于科学证据归纳实验结论。

（1）思考：如何检测食物中的主要营养成分？

（2）设计实验：小组合作设计实验方案。

① 选择检验哪种营养物质？

② 选择食物进行检验（处理难度,营养成分含量）。

③ 实验操作是怎样的？

（3）讨论与优化：小组呈现方案后师生提出改进意见。

（4）学生实验：检测食物中的主要营养成分。

① 用碘液检验食物中的淀粉。

② 用吸油纸检验食物中的脂肪。

③ 用酒精灯灼烧的方法检验食物中的蛋白质。

（5）分析与交流：分析实验现象，归纳实验结论。

（6）小结：食物中的主要营养成分以及检测工具和检测方法。

（7）延伸拓展：检验食物中营养物质更加精确的方法和技术。

4. 食物营养归类

学生根据食物的主要营养物质的含量对食物卡片进行归类，并利用在线平台呈现和分析归类结果，引导学生知道食物中的营养成分不单一且各种营养成分含量不一样。

（1）讨论：你们小组拿到的食物营养卡片是哪些？这些食物中有什么营养？

（2）交流：你们小组的食物营养卡片中哪三种种营养成分最多？含量是多少？

（3）归类：学生根据各种营养成分含量对食物营养卡片进行归类。

（4）评选：小组讨论选出我校食堂常见食物中蛋白质、脂肪、糖类前三名。

（5）小结：每种食物的营养成分不单一，但是主要营养成分的含量不同。

（6）设计：家庭抗疫营养餐设计图。

（7）展示与交流：小组展示家庭抗疫营养餐设计图，其他小组进行评价和反馈。

第四节　梅园小学“科创特色实验”综合课程

一、综合课程内容

“科创特色实验”综合课程内容如表 2 - 14 所示。

表 2 - 14　“科创特色实验”综合课程内容

课程名称	目标（创造力指向）	内　　容	实施（主要活动方式）	评价	对　象	选/必修	备注
成语故事 1	创造力培养	可以启迪学生智慧，丰富学生国学修养，扩展学生视野，增强学生交际能力。	小组合作	个人评价	三～五年级	选修	
成语故事 2	创造力培养	学生能够在学习成语故事的同时，通过自己创编故事动作，台词，感受故事中人物的想法，并通过自己的演绎将一个个成语故事展现，不仅提高了语文素养，还拓展了表达思维。	小组合作	小组评价	三～五年级	选修	

课程名称	目标（创造力指向）	内　　容	实施（主要活动方式）	评价	对　　象	选/必修	备注
三十六计2	创造力培养	学生通过课堂学习,知晓古代经典兵法的作用,发现古老的谋略中蕴含的人生真相。三十六计中有生存之道,教会学生如何生存;里面有人生哲学,教会学生明白什么是是非成败;里面有人情练达,教会学生如何为人处世。了解每一计含义的同时,交流生活中有没有类似的经历,融会贯通。	小组合作	小组评价	三～五年级	选修	
史前生物探究	创造力培养	学生可以了解物种的进化方式以及生物的种类等相关知识。	小组合作	小组评价	三～五年级	选修	
趣游博物馆	创造力培养	通过赏析世界名画,了解美术发展史与历史的变迁。通过对名画的观察,模仿人物的神态、服饰,并动手制作道具,培养观察力、想象力和创造力。	自我实践	个人评价	三～五年级	选修	
小小菜园1	创造力培养	通过对作物的了解,学习作物的种植,以此达到爱惜食物的目的。	自我实践	个人评价	三～五年级	选修	
你好,中国名居	创造力培养	通过视频了解、自主合作研究,了解我国民居的形式和特点,感受我国传统民居的艺术魅力,增强学生的民族自豪感,激发学生对传统文化的热爱之情。	自我实践	个人评价	三～五年级	选修	
心灵乐园	创造力培养	通过开展丰富多彩的活动,培育学生良好的心理素质,在游戏中引导学生认识自己,增强调控自我、承受挫折、适应环境的能力,培养学生乐观自信,友善待人、学会沟通、诚实守信、开拓创新、追求向上的心理品质。	自我实践	个人评价	三～五年级	选修	
灿烂童年	创造力培养	通过多种途径、多种形式把心理健康教育渗透在课堂中、渗透在游戏中、渗透在生活中,真正实现心理健康教育的功能。帮助学生适应学校学习生活,培养学生的良好适应能力,与他人良好相处的能力,使其初步具有学习的自我效能感、良好的学习习惯、合作意识,初步形成积极正确的自我概念。	小组合作	小组评价	三～五年级	选修	

续　表

课程名称	目标(创造力指向)	内　　容	实施(主要活动方式)	评价	对　象	选/必修	备注
三国	创造力培养	学生通过学习三国的重大事件,了解三国的兴盛与衰败。学生通过学习,分组进行材料整理,通过汇报反馈,互相交流,激发学生的爱国与民族自豪感。	小组合作	小组评价	三～五年级	选修	
唐朝那些事	创造力培养	学生通过课堂学习与唐朝相关的历史事件,了解著名的皇帝以及唐朝由盛转衰的历史。学生通过影像学习,结合小组讨论问题,整合资料,通过小组汇报的方式,进行反馈,从而激发学生学习历史的积极性。	小组合作	小组评价	三～五年级	选修	
走近苏东坡	创造力培养	学生通过课堂学习与苏轼有关的知识,了解苏轼生平,结合上课内容与相关历史书籍,为苏轼制作人物小报。	小组合作	小组评价	三～五年级	选修	
走近李白	创造力培养	学生通过课堂学习与李白有关的知识,了解李白生平,结合上课内容与相关历史书籍,为李白制作人物小报。	小组合作	小组评价	三～五年级	选修	
元朝那些事	创造力培养	学生通过学习元朝的重大事件,了解元朝的兴盛与衰败。学生通过分组进行材料整理,通过汇报反馈互相交流,感受元朝的兴衰史。	自我实践	个人评价	三～五年级	选修	
明朝那些事	创造力培养	学生通过学习明朝的重大事件,了解明朝的兴盛与衰败。学生通过影像学习分组进行材料整理,通过汇报反馈互相交流,激发自己的爱国与民族自豪感。	小组合作	小组评价	三～五年级	选修	
清朝那些事	创造力培养	学生通过学习清朝的重大事件,了解清朝的兴盛与衰败。经过学生的资料整理,汇聚成历史小报,吸取历史经验教训。	自我实践	个人评价	三～五年级	选修	
走近李白	创造力培养	学生通过课堂学习李白,上网搜索有关李白最感兴趣的问题,根据搜集到的信息撰写剧本,排出一个小故事,经过演绎,拍摄成为视频,以终为始,激发自己的学习热情并更深入了解李白。	自我实践	个人评价	三～五年级	选修	

续 表

课程 名称	目标 (创造力 指向)	内 容	实施(主要 活动方式)	评 价	对 象	选/ 必修	备注
宋朝那 些事	创造力 培养	学生通过学习宋朝的重大事件,了解宋朝的兴盛与衰败。结合影像资料,分组整理资料并制作成小报,通过汇报交流,互相学习,激发学生对历史的兴趣。	自我实践	个人 评价	三~五 年级	选修	
创意 编程	创造力 培养	通过简单创作小程序,培养学生数理思维能力。融合多学科知识,培养学生举一反三的学习方法,成长更自信。采用启发式教学,打造浸润式学习体验让学习变得更好玩。	自我实践	个人 评价	三~五 年级	选修	
纸编	创造力 培养	纸编是运用彩纸进行编制操作实践活动,是儿童工艺美术教学的传统课题之一,属于设计运用学习领域。编、粘是编织的基本构成原理。	小组合作	小组 评价	三~五 年级	选修	
电子小 制作	创造力 培养	通过纸电路电子小制作课程,学生从理论到实践对电子知识有了一定的了解并掌握了基础的动手实践操作,也规避了学生使用电洛铁的风险。本课通过科技和自然学科的知识内容融合,让学生在动手实践中得到知识和动手能力的提升。	小组合作	小组 评价	三~五 年级	选修	
王者 桌游	创造力 培养	在《谁是卧底》这个游戏中,通过对词语进行描述,锻炼语言表达、思维发散及记忆力。 在《大富翁》这个游戏中,通过辩论赛和实践对比,锻炼观察、分析、立论和提炼总结的能力,并通过实践,能验证自己的观点。 在《狼人杀》这个游戏中,通过陈述观点指认"凶手",锻炼观察、倾听、判断、推理、分析等能力。 在《三国杀》这个游戏中,通过各自讲述所知道的三国故事,初步了解三国历史,并在游戏中通过同一国家卡牌持有者的合作,促进团队合作、增进互动交流,懂得与人相处的方式方法。	小组合作	小组 评价	三~五 年级	选修	

续　表

课程名称	目标(创造力指向)	内　容	实施(主要活动方式)	评价	对象	选/必修	备注
传统节日手工制作	创造力培养	在团队合作中初步学习手工制作的基本规律和操作技巧,并学习大胆地运用这些基本规律创造性地塑造和制作多种平面的和立体的手工作品。体会传统手工制作活动的快乐,培养对祖国传统民俗的热爱,培养对手工活动的兴趣并愿意交流、合作,培养安全、卫生、整洁的活动习惯。	小组合作	小组评价	三～五年级	选修	
经典赏析	创造力培养	通过拓展学习,了解不同的舞种,感受多元文化,培养大方优雅的气质和健康,挺拔的体态,加深对社交礼仪的了解,提高人际交往技能,深入推进素质教育,促进学生多元发展。	小组合作	小组评价	三～五年级	选修	
小篮球	创造力培养	通过小篮球知识技能的学习,让学生对小篮球产生兴趣。在课后和平时的空闲时间能参与篮球活动,增强体质。	自我实践	个人评价	三～五年级	选修	
咿咿呀呀来唱戏	创造力培养	中华戏曲是表现和传承中华优秀传统文化的重要载体,它具有悠久的历史,独特的魅力,千百年来深受广大人民群众的喜爱。深入传承中华文化基因,加强戏曲通识普及和审美教育,增进小学生对戏曲艺术的了解和体验,进一步推动戏曲进校园,增强学生对传统文化的认同感和使命感。	小组合作	小组评价	三～五年级	选修	
"咚咚哒"节奏大师	创造力培养	节奏训练作为小学音乐教学中的重要方法,它对培养小学生的良好乐感、提高学生理解音乐、表现音乐的能力有着巨大的帮助。	自我实践	个人评价	三～五年级	选修	
剪纸	创造力培养	学生通过剪纸活动,初步学会利用工具剪出简单的图形,培养了耐心和细心,提高了动手能力,陶冶了情操。	自我实践	个人评价	三～五年级	选修	
大家学唱外语歌	创造力培养	在歌唱和表演中训练听力,练习口语,习得语言,获得体验,了解感受外国文化。	自我实践	个人评价	三～五年级	选修	
海底世界	创造力培养	通过了解海洋知识,了解有趣的海底生物,激发学生探索大自然奥秘的兴趣,培养学生对海洋的热爱之情,唤起学生保护海洋生物的意识。	自我实践	个人评价	三～五年级	选修	

课程名称	目标（创造力指向）	内　容	实施（主要活动方式）	评价	对　象	选/必修	备注
乐高	创造力培养	展开丰富的想象力，运用数学几何，空间结构的原理搭建乐高模型，以及计算机编程操作模型，同时，通过故事的表达，锻炼语言表达能力。	小组合作	小组评价	三～五年级	选修	
小小配音员	创造力培养	通过趣味配音能够激发学生自我表现的天性，发展学生的语言能力，获得愉悦的情感体验。通过分角色扮演提高每个学生的参与感，培养合作探究意识，增强表达的自信心。	小组合作	小组评价	三～五年级	选修	
五子棋	创造力培养	通过学习五子棋，弘扬民族文化，培养学生的爱国情感和良好的棋德意识。学会参加家庭、学校及社会上组织的各种比赛的方法和注意事项，比赛中"胜不骄败不馁"，提高学生良好的心理素质。五子棋能加强对学生大脑的锻炼，增强思维活动能力。坚持下五子棋，不仅能提高智力活动的速度，而且在逻辑推理思维中能提高从不同的角度、有独创性地解决问题的能力。这一点对于开发学龄前儿童及中小学生的智力亦是很有帮助的。	小组合作	小组评价	三～五年级	选修	
逻辑小故事	创造力培养	学生能在故事的学习基础上，了解和理解更多的数学原理，同时，通过故事的表达，锻炼语言表达能力。	小组合作	小组评价	三～五年级	选修	
趣味卡通画	创造力培养	知道卡通画的基本知识和历史，能用较为流畅的线条表现卡通形象。分析讨论卡通画的造型特点，交流尝试卡通画夸张和变形的表现方法，以及配色和涂色的技巧，用画笔描绘形象。感受卡通画的特征和独特的艺术魅力，培养善于思考、勤于动笔的习惯。	小组合作	小组评价	三～五年级	选修	
我身体里的工作细胞	创造力培养	通过教学，了解微生物的种类，知道我们人体中常见的工作细胞，探究微观世界的奥秘，发现生命的美好。通过知识科普，动手实践，丰富学生生命科学知识，搭建知识框架，刺激学生的求知欲，启发学生的积极性，给学生正向引导科学知识，感受生命美丽。	小组合作	小组评价	三～五年级	选修	

课程名称	目标（创造力指向）	内　容	实施（主要活动方式）	评价	对　象	选/必修	备注
走进博物馆	创造力培养	引导学生理解博物馆的功能，尤其是博物馆在保护人类的历史、文化与艺术遗产方面所具有的独特价值；了解参观博物馆的看法；了解国内外重要博物馆及藏品概况；帮助学生树立起尊重文物、尊重历史的观念，激发学生的民族自豪感和对本土文化的认同。	小组合作	小组评价	三～五年级	选修	
校园里的植物	创造力培养	以小组合作学习为基本单位组织活动。在合作过程中，锻炼学生的语言表达能力、协调能力，充分挖掘学生的创新意识和探索精神。改变教学方式，引导学生主动参与、构建知识、积累经验、丰富学习经历。以任务驱动的形式，引导学生有计划地开展观察探究活动，并且用自己观察记录的所得完成任务所需的作品。通过作品展示等方式，帮助学生在学习过程中体验成功。	小组合作	小组评价	三～五年级	选修	
STEM玩科学	创造力培养	在学习过程中，针对学生自己有兴趣的课题，运用已有的或正在学习的学科知识，动脑、动手、寻找解决问题的方法，经历一个发现和探索、沟通与合作、付出与收获的过程。	自我实践	个人评价	三～五年级	选修	
超轻黏土	创造力培养	通过欣赏各类超轻粘土作品，培养审美能力，同时运用到自己的作品当中，锻炼动手能力，也教会了学生静心和耐心。	自我实践	个人评价	三～五年级	选修	
三十六计1	创造力培养	学生通过课堂学习，知晓古代经典兵法的作用，发现古老的谋略中蕴含的人生真相。三十六计中有生存之道，教会孩子如何生存；里面有人生哲学，教会孩子明白什么是是非成败；里面有人情练达，教会孩子如何为人处世。了解每一计含义的同时，交流生活中有没有类似的经历，融会贯通。	自我实践	个人评价	三～五年级	选修	

续　表

课程 名称	目标 (创造力 指向)	内　　容	实施(主要 活动方式)	评价	对　象	选/ 必修	备注
中外文 化交流	创造力 培养	学生通过了解中国与世界的文化交流进程,了解中外文化的悠久历史,认识中华民族的历史和文化,体会中华文化博大精深,源远流长。汲取历史经验,学习文化内涵。	自我实践	个人 评价	三～五 年级	选修	
爱动脑 爱思维	创造力 培养	通过课堂学习,拓展学生思维能力,包括分析、综合、归纳、推理、演绎等能力	小组合作	小组 评价	三～五 年级	选修	

二、综合课程纲要

"科创特色实验"课程纲要示例见表 2-15。

表 2-15　"创意编程＋"课程纲要

课程 名称	创意编程＋			课程类型	综合课程
适用 年级	三年级 四年级 五年级	总课时	48	课程对象	学生
课程 目标	1. 运用 PBL 项目学习法,通过可视化图形编程语言,融合美术与语文故事构建场景完成任务挑战,并最终完成动画艺术作品。 2. 运用 PBL 项目学习法,通过可视化图形编程语言,融合游戏设计构建交互场景从而完成任务挑战,并最终完成交互设计作品。 3. 在课程中融入数学,通过可视化图形编程语言将数学题"鸡兔同笼"等问题可视化,做到输入即出答案,增强学生对问题本质的好奇心以及算法思维。				
课程 实施	模块主题 (课时)	单元主题 (课时)	内容项目	主　要　活　动	
	模块一: 创意编程＋动画艺术(30)	第一单元: (15)	制作狂欢庆典动画	1. 学习运动模块,让舞台区角色运动起来。 2. 外观模块,修改角色的造型。	
		第二单元: (15)	制作四格漫画动画	1. 造型,绘制四格。 2. 事件模块,广播消息和接收消息。	

	模块主题 (课时)	单元主题 (课时)	内容项目	主　要　活　动
课程 实施	模块二: 创意编程＋交 互设计(30)	第三单元: (15)	神奇画笔— 蚂蚁回家	1. 学习功能模块的画笔模块,利用画笔模块绘 制蚂蚁回家路线。 2. 小组合作制作。
		第四单元: (15)	二氧化碳挑 战赛	1. 小组绘制二氧化碳角色及角色造型。 2. 设置二氧化碳挑战色的规则及记分机制。
	模块三: 创意编程＋算 法应用(40)	第五单元: (20)	鸡兔同笼挑 战赛	1. 小组合作,寻找鸡兔同笼的数学问题。 2. 制作鸡兔同笼数学问题的解题游戏。 3. 美化游戏角色。
		第六单元: (20)	找数字	1. 小组合作制作,小组分工。 2. 角色美化、游戏规则制定。
学习 评价	一、小组学习评价 (一)过程评价 根据小组活动开展情况,确定有没有形成合作学习的习惯以及讨论与探究问题是否踊跃。 (二)结果评价 1. 演讲内容(满分 10 分) (角色职责清晰、内容明确具体、深入实践) A 非常好 8—10 分　　　　B 比较好 6—8 分　　　　C 一般 3—5 分 2. 演讲表现(满分 10 分) (语言流畅、神情自信、举止礼貌大方) A 非常好 9—10 分　　　　B 比较好 6—8 分　　　　C 一般 3—5 分 3. 作品纬度(满分 10 分) (作品设计独特、内容符合科学、外表具有美感) A 非常 9—10 分　　　　B 比较好 6—8 分　　　　C 一般 3—5 分 二、个人学习评价 (一)过程评价 根据活动单完成情况,确定有没有养成相关的学习习惯以及学习过程是否扎实。 (二)结果评价 1. 作品展示(满分 10 分) (作品设计独特、内容符合科学、外表具有美感) A 非常好 9—10 分　　　　B 比较好 6—8 分　　　　C 一般 3—5 分 2. 小论文撰写 (观点叙述正确、论点论据响合、文字流畅) A 非常好 9—10 分　　　　B 比较好 6—8 分　　　　C 一般 3—5 分 3. 答解表现 (仪表、精神面貌、三观端正、口语表达、项目介绍逻辑性、应变能力) A 非常好 9—10 分　　　　B 比较好 6—8 分　　　　C 一般 3—5 分

三、单元与项目活动设计

掌控板是一款国内创客专家自主设计的微型开发板,上面的功能非常强大,正面有两个按键、OLED 屏幕、光线传感器、麦克风;反面还有 USB 接口、蜂鸣箱、三轴加速度传感器等。学校以掌控板为工具,以培养学生的计算思维和创造力为目标,让学生感受编程的快乐。掌控板有发挥学生主体地位的自然优势。以编程思想为依托发展学生创造力具有相当的可行性,学校从二年级到五年级开设创意编程的课程,针对不同年级学生特点,编程课程步步深入,发展学生计算思维,创新思维,初步感受科技、人工智能的魅力。以下以"基于掌控板的位置表示应用"为例,应用创设情境、问题导向、任务驱动等教学手段开展"创造力"融入课堂,落实课堂的研究。

1. 创造力的概念界定

在与创造力相关的研究中,创造力(creativity)与创新(innovation)是两个关键概念。创造力和创新的概念在学界已有基本共识:创造力就是产生新颖而有价值的想法的能力,而创新则是将这些想法付诸实施的过程。有研究者认为,创造和创新有许多重叠和相似之处,不需要进行明确区分。本书虽然将创造力和创新作了区分,但仍将两者看作一组同义词,统一采用"创造力"来表述。

有学者认为创造力具有三个要素:创新人格、创新思维和创新实践。创新人格侧重于情意因素,创新思维侧重于认知层面的思维过程和方法,创新实践侧重于外显的行为投入,三个方面相互关联、相互促进。创新人格和创新思维是实践的基础,创新实践是创新人格和创新思维在特定任务情境下的综合表达。这三个要素分别对应人的脑、手、心。创新思维相当于人的大脑,即用来指导实践的进行;创新实践对应人的手,即进行实践活动;创新人格对应人的心,即内在品质特征。

2. 如何在课堂中落实创造力

1) 创设情境,知识迁移

小学学段的学生思维仍基于日常生活场景,以具体的形象为主,对于抽象概念的理解能力较弱,并且对于抽象概念的理解一定程度建立在直接经验和感性体验上。要让学生在情境中理解知识及内涵,对概念形成原有知识基础上的正确认知,保证教学活动顺利进行。情境的创设对学生认知发展、能力提高具有重要意义。

在教学中创设去海岛旅行的教学情境,帮助学生怀着轻松愉悦的心情进入到课堂当中来,并思考如何将景点进行精准定位,回忆四年级下册数学中学到的有序数对,温习巩固平面直角坐标系,由横轴(方向水平向右)、纵轴(方向竖直向上)、坐标原点等组成。在平面直角坐标系中可以利用有序数对,又称坐标,准确表示物体的位置。

在教学中,为进一步帮助学生全面复习,首先让学生观察海岛地图,请学生找出物体对应的坐标。

总结:在平面直角坐标系中,可以找到物体对应的坐标,同样根据坐标也可以找到坐标平面中的物体。充分复习巩固平面直角坐标系的知识,发展学生观察、比较等思维能力,为认识掌控板中的屏幕坐标系打下基础,为知识的顺利迁移做好铺垫。情境创设能够引导学生积极思考,促进创新思维。关注学生思考,学生积极参与,让学生体会思维的过程,同时也是发展学生思维的过程,发展学生创造力的过程。

2)问题导向,任务驱动

当学生进入一定的学习情境后,情境中蕴含的需要解决的问题就随之显现。利用问题,进行启发引导,帮助学生形成概念的初始认知。问题导向更加偏向于引导学生思考,这与创造力培养的教学目标不谋而合。问题导向原则要求教师对所述概念使用问问题的方式引导学生思考,一些较为复杂的概念,可以选择多个问题连续提出,引发学生思考,逐渐聚焦到解决问题的关键。

在教学过程中,利用学生对新事物的好奇或对生活情境的熟悉,通过有意识地营造包含学习任务的情境,使学生能够自觉观察事物并获得对概念的初始认知。学生观察事物、接受问题的同时,不断结合已有的知识建构寻找问题的特点和解决思路,从而进入较为理想的求知状态中。教学的效果随着学生的求知欲和学习兴趣被激发出来会得到很大的提升。

总之,在教学中创设学生熟悉的情境,利用问题导向、任务驱动等教学手段,让学生经历发现问题、形成问题、产生解决问题的想法,最终对想法实践评估。这一引导过程中,学生运用高层次思维能力,明显提升了创造力。为学生提供创新实践空间,让学生充分经历实践过程,这是创造力落地的重要抓手,也是创造力"输出表达"的重要载体,又是创造力"发展提升"的重要途径。这种思维型的课程更有利于促进学生创造力的发展。

第一节　进才中学东校"航空特色"综合课程

一、综合课程结构

"航空特色"综合课程结构如表3-1所示。

表3-1　"航空特色"综合课程结构

课程名称	目标（创造力指向）	内　容	实施（主要活动方式）	评　价	对象	选/必修	备注
航空科技特色系列课程							
航空科技特色校本	探究精神、协作能力	1. 如何设计未来的飞机? 2. 如何让纸飞机飞得更稳、更远? 3. 如何为飞行员提供可靠的天气预报? 4. 如何评估飞行器的飞行状态?	1. 查阅资料 2. 分组设计方案 3. 实验探究 4. 数据整理 5. 产品生成 6. 优化迭代 7. 交流评价	自评、互评、教师评价	六年级	必修	
航空静态模型	协作能力、创新创造	1. 认识航空模型 2. 了解工具使用 3. 模型组装拼接 4. 模型涂装	1. 阅读手册了解信息 2. 动手实践组装拼接 3. 颜料涂装创意美化	作品评价创意涂装设计	六～八年级	选修	
模拟飞行	沟通合作能力、实践运用能力	学生通过阅读飞行手册了解飞行须知与技能。化身飞行员,模拟驾驶飞机穿梭于各个任务地图。根据飞行要点攻略不同的障碍物。	1. 了解任务 2. 要点分析 3. 飞行模拟 4. 考核演练	飞行评估地图任务得分	七、八年级	选修	

续　表

课程 名称	目标 (创造力指向)	内　容	实施(主要 活动方式)	评　价	对象	选/ 必修	备注
无人机 编程	创新创造、工 程设计、沟通 协作能力、批 判性思维	学生通过生活情 境入手,分析存在 的问题,通过编程 手段设计可行性 方案,利用编程软 件实现设计,再根 据具体的实施过 程优化设计代码。	1. 创设情境 2. 调查分析 3. 归纳设计 4. 程序编写 5. 测试优化 6. 交流评价	自评、互评、 教师评价	七、八 年级	选修	

二、综合课程纲要

"航空特色"综合课程纲要如表 3-2 所示。

表 3-2 "航空特色"综合课程纲要

学期	单元名称	主 要 活 动	活 动 目 标	课时数
第一学期	如何设计未来的飞机?	学习飞机演变历史,认识飞机结构;展开头脑风暴列举飞机设计上可能存在的不足或是缺点,并提出合理的解决方案创作出未来飞行器。	了解飞机结构与功能;通过绘画或制造呈现飞行器并撰写文字说明。	4
	如何让纸飞机飞得更稳、更远?	学习机翼样式的历史变迁,通过控制变量法探究机翼结构对纸飞机飞行状态的影响。尝试撰写机翼结构对飞机飞行状态影响的实验报告。	通过飞行实验掌握"控制变量"实验基本方法;通过该实验完成一份实验报告。	4
第二学期	如何为飞行员提供可靠的天气预报?	了解大气的结构,通过实验知晓大气的压力与密度;通过科学的观测来识别天气现象,并扮演天气预报员角色为飞机制定合理的安全注意事项。	通过气体实验得出大气的压力与密度;通过观察气体的状态与未来变化趋势推导天气情况并制定天气预报。	4
	如何评估飞行器的飞行状态?	通过模拟飞行软件感受飞机的运动状态与飞机结构之间的联系;使用物理方法找出不规则物体的重心并了解飞机的重量与速度。	通过软件模拟了解机翼状态与飞机飞行状态之间的联系;通过物理手段分析物体重心位置,分析重心与升力中心之间的关系对飞机状态的影响。	4

三、单元与项目活动设计

"航空特色"综合课程的单元与项目活动设计如表 3-3~表 3-6 所示。

表 3-3 "如何设计未来的飞机"单元与项目活动设计

单元一	如何设计未来的飞机?			
学科领域	历史	数学	艺术	航空科技

课程目标:通过分享飞机的发展历史了解航空飞行器发展的结构与功能变化的具体原因;积极探讨在飞机发展过程中存在的缺点与不足,在尝试寻找替代或解决方案的过程中体会解决问题的一般方法;在尝试打开思维牢笼的同时激活想象力与锻炼实践能力;以小组合作、角色扮演形式开展活动,从艺术的角度制作未来飞行器的图纸并以科学的视角描述作品的结构与功能。

单元核心主题:剖析现有航空飞行器的优缺点,提出具有创造性的想法与建议,设计一种未来的飞行器。

单元内容:
- 【分享】飞机的百年历史
- 【探究】飞机的结构与功能
- 【想象】创作未来飞行器
- 【展示】作评呈现,交流评价

教学方法:
观察理解:学习飞机历史,了解飞机结构与功能
头脑风暴:寻找飞机结构与动能的不足,设想未来的航空飞行器
小组合作:设计飞机、描述飞机
成果展示:作品介绍与交流

内 容 与 任 务			
关键问题	内 容	技 能	任 务
推动飞机发展的动力是什么?	分享飞机的百年发展史;推动飞机发展的背景或动力因素。	材料收集能力;分析能力;语言表达能力。	收集关于飞机的历史发展信息;师生课堂分享材料;共同探究飞机的结构与功能在历史中的变化。
以数学的眼光看待飞机的结构	探究飞机结构布局的合理性、功能的协调性。	数学建模能力;质疑与反思能力;分析与汇总能力。	收集不同时期典型飞机的主要技术数据,比较分析各自的优缺点,推测飞机结构与功能的发展趋势。为后续创作制订计划。
如何通过艺术方式呈现创想设计?	根据计划创作未来飞行器。	绘画与制作能力;语言表达能力。	根据计划单着手创作未来飞行器,可通过多方面或多结构分步描述设计意图与设计理念。最终交流与分享成果并作出适当的评价。
评价工具	(1)飞机结构与功能及相关知识学习单。 (2)未来飞行器创意设计评价量规。		

表3-4 "如何让纸飞机飞得更稳、更远"单元与项目活动设计

单元二	如何让纸飞机飞的更稳、更远?			
学科领域	物理	劳技	美术	航空科技

课程目标:通过观察纸飞机运动方式与个人生活经验的分享,浅谈纸飞机的基本运动原理;积极思考不同机翼构造对纸飞机飞行造成的可能影响,在尝试寻找解决方法的过程中发展问题解决能力和实践能力;以审美性的眼光进行纸飞机的设计与美工,通过亲自动手感受制作的乐趣。

单元核心主题:设计并制作出能飞得更稳、更远的纸飞机

单元内容:
- 【分享】各式各样的纸飞机
- 【探究】纸飞机的奥秘
- 【实践】机翼对纸飞机的影响
- 【写作】撰写报告与交流

教学方法:
观察理解:认识飞机,发现与解决问题
头脑风暴:找到纸飞机平稳飞行核心原理
小组合作:开展多形式活动推进课程实施
成果展示:作品介绍与交流

内 容 与 任 务			
关键问题	内 容	技 能	任 务
如何设计纸飞机?	运用物理知识与方法,解决如何让纸飞机平稳向前飞行的难题。	分析能力;材料收集能力;设计能力。	观看"鸟人大赛"视频;分析运动原理;分享设计思路;设计飞机模型。
如何制作纸飞机?	运用劳技技能,制作纸飞机,并根据实际飞行效果对纸飞机结构做出相应调整。	工具使用;手工。	材料选取;动手折纸飞机;试飞;分析试飞结果;改善飞机结构。
如何改善纸飞机形象?	运用美术表现力,为纸飞机机翼等结构设计具有创意的艺术作品。	手绘;设计;色彩搭配。	分享设计主题;交流设计理念;着手绘画。
评价工具	机翼原理验证实验报告。		

表3-5 "如何为飞行员提供可靠的天气预报?"单元与项目活动设计

单元三	如何为飞行员提供可靠的天气预报?			
学科领域	地理	物理	历史	航空科技

课程目标: 科学观测天气,记录详细准确的数据,分析天气现象的成因,揭秘大气变化与天气之间的关系;借助物理实验了解气体压力与密度,了解大气的性质;综合分析气象与大气压力、密度之间的关系,探究天气变化的奥秘;根据气象变化的成因设计气象报告为飞机安全出行提供安全保障。

单元核心主题: 找出天气变化的原因,为飞机出行提供天气预报与安全保障建议。

单元内容:
- 【实践】繁杂的天气现象
- 【实验】大气压与大气密度
- 【探究】天气变化的奥秘
- 【表达】制定充分有效建议保障飞机出行

教学方法:
观察记录:识别天气种类,记录天气变化
实验探究:科学实验揭示物理现象
学以致用:综合运用跨学科知识解决问题
成果展示:记录分享与建议计划

内 容 与 任 务			
关键问题	内 容	技 能	任 务
是什么造成了不同天气现象?	通过科学观测记录天气的变化,猜想天气变化的成因。	观察;记录;推理。	长期活动;记录一个月内或累计14天以上的天气情况。
用物理视角看待天气的变化	利用物理实验认识空气中存在压力;了解密度不同会导致气体流动。	观察;总结;推理。	气压实验;密度实验;用气体的原理解释天气的变化。
怎样的天气现象会危害飞机?	整理气象变化记录,借助地理与物理学科知识综合性解决问题。	推测;总结;表达。	根据气象记录了解天气成因,进而通过观察空气流动变化推测未来天气,制作天气预报。
评价工具	(1) 2周或不少于14天天气情况记录表。 (2) 天气预测及飞机安全出行建议事项。		

表 3 - 6　"如何评估飞行器的飞行状态?"单元与项目活动设计

单元四	如何评估飞行器的飞行状态?		
学科领域	物理	数学	航空科技

课程目标:通过模拟飞行软件观察机翼结构的变化对飞机飞行状态产生的影响;学习仪表盘读数,认识飞机上的仪表盘并准确说出飞机飞行中的状态;系统性学习用于测量飞机飞行状态检测的航空设备,了解其中的运作原理。

单元核心主题:探究飞机的飞行原理,找出飞机在空中飞行的秘密。

单元内容:
- 【体验】模拟飞行
- 【探究】机翼结构与功能
- 【探究】如何测量飞机飞行状态
- 【交流】识别仪表读数及飞行状态

教学方法:
观察理解:认识机翼结构,了解功能应用
头脑风暴:猜想飞机在空中如何辨别方向
成果展示:学习单评测

内 容 与 任 务			
关键问题	内　容	技　能	任　务
飞机在空中如何转向?	运用物理视角观察机翼结构,探究机翼结构设计原理与飞机飞行状态之间的联系。	观察;计算;推测;归纳。	使用模拟飞行软件观察机翼结构,通过建模手段分析背后的设计原理。
如何得知飞机的飞行状态?	运用数学眼光探究飞机在飞行过程中的状态(速度、角度、偏角等)	估测;计算;测量;读数。	通过学习航空设备仪表了解飞行状态;根据仪表内容读取飞机飞行时的状态。
评价工具	(1) 飞机仪表读数学习单。 (2) 物理空气动力学及相关知识学习单。		

第二节　祝桥小学"少年儿童未来航空主题社区"综合课程

一、综合课程结构

"乘风少年"综合课程结构如图 3-1 所示。

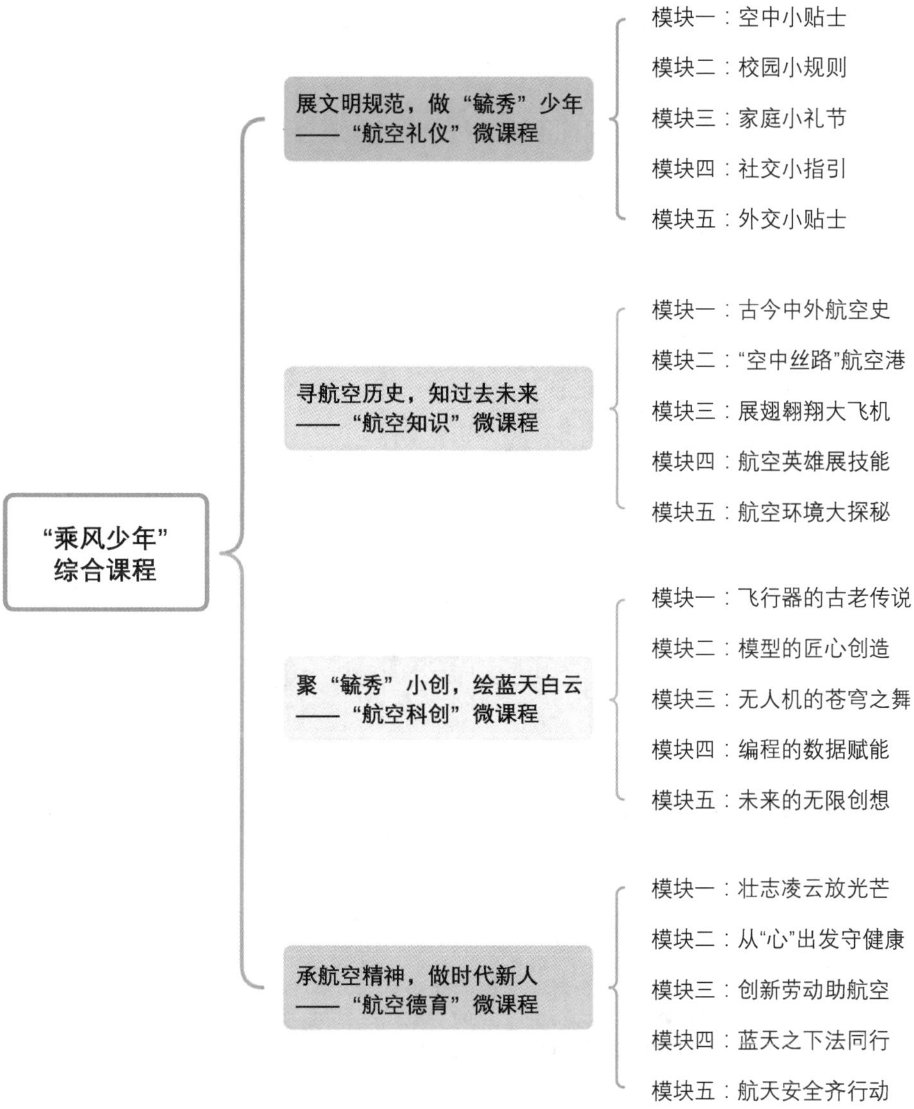

图 3‐1　"乘风少年"综合课程结构

二、综合课程纲要

"乘风少年"综合课程纲要如表 3‐7～表 3‐10 所示。

表 3‐7　"乘风少年"综合课程(航空礼仪)课程纲要

课程(群)名称	展文明规范,做"毓秀"少年 ——"航空礼仪"微课程			课程类型	综合课程
适用年级	全年级	总课时	58	课程对象	全体学生

续　表

课程目标	1. 学生通过了解机场各部门的分布情况,通过实地考察知道各部门的地理位置及作用,提升孩子的观察能力和学习能力。 2. 学生通过晨会、道法课、礼仪课、班队课和主题班会等活动,形成良好的行为习惯,培养文明毓秀好少年。 3. 学生通过教育视频、小组交流等活动,开展综合式、实践式、探究式的学习,综合了解家庭礼仪的重要性。 4. 学生通过好人好事的学习,知晓社交的知识,形成主动分享、遵守时间、恰当帮助的好习惯,培养学生良好的社交方法,拥有较好的社会责任感。 5. 学生通过参观领事馆,收集国外习俗和国内外外交视频,了解古往今来外交对人类的重要性,培养学生对外热情好客,增强爱国情怀。			
课程实施	模块主题 (课时)	单元主题 (课时)	内容项目	主　要　活　动
	模块一: 空中小贴士 (12)	第一单元: 机务文明(4)	1. 登机与就座文明 2. 行李放置与坐姿文明	1. 参观机场、飞机等场所,认真做好记录。 2. 能基本说出简单的登机操作、行李放置、坐姿要求等机务流程。 3. 参观过程中,学生能表达自己的感观与想法,提升倾听与客观评价的能力。
		第二单元: 用餐文明(4)	1. 餐品的制作 2. 叫餐的方式 3. 用餐的规矩	1. 学生实地观看餐品制作的过程和用餐步骤等视频并畅谈感受。 2. 在教师解说的基础上,完成小组展演,加强操作过程的理解。
		第三单元: 交流文明(4)	1. 与机务人员的交流 2. 与乘客的交流	1. 在收集资料的基础上,学生自行介绍交流方式和交流用语。 2. 通过小组合作探究交流方式的注意点,归纳整理探究结论。 3. 小组合作进行展演,进一步体会文明交流的重要性。
	模块二: 校园小规则 (8)	第四单元: 行好礼(2)	1. 早晨上学 2. 见面问好	1. 学生通过具体事例,加强对早晨离校上学、主动向家人道别的理解。 2. 通过自纠自查,加强进校门时主动向师长及值班同学问好的习惯。
		第五单元: 走好路(2)	1. 集队方法 2. 行进路队	1. 拍摄学生集队的视频,通过小组讨论,归纳集队的好方法。 2. 说说身边同学行进路队的表现,比较差异与不足。 3. 观看我国阅兵仪式的视频,撰写观后感。

	模块主题 （课时）	单元主题 （课时）	内容项目	主 要 活 动
课程实施	模块二： 校园小规则 （8）	第六单元： 上好课（4）	1. 课前准备 2. 课中参与	1. 结合具体情境讨论：课前该做好哪些准备？ 2. 创作编写上课准备口令。 3. 结合美少年行动榜进行班级评比，要求：积极举手，大胆发言，声音响亮，不随意插嘴。
	模块三： 家庭小礼节 （8）	第七单元： 起床与洗漱（2）	1. 起床步骤 2. 洗漱方法	1. 学生将在家的起床步骤进行记录，探讨：你认为怎样的起床步骤既节省时间又提高效率？ 2. 围绕起床和洗漱这两个方面写一写自己的习惯和做法，并在小组中进行交流。
		第八单元： 仪表与卫生（2）	1. 着装得体 2. 个人卫生	1. 采访父母和同学，谈谈大家心目中合适的着装，并画一画。 2. 拍摄自己卧室的卫生情况，小组交流讨论整洁程度，并评出优秀小达人。 3. 自制21天个人卫生习惯养成打卡表并张贴在家中，每天按时自评。
		第九单元： 拜访与接待（4）	1. 礼貌待人 2. 热情好客	1. 讨论：为什么要礼貌待人？ 2. 调查同学与周围邻居的邻里关系，说明好的邻里关系给大家带来的好处。 3. 收集资料，说说古代礼貌待人的小故事。
	模块四： 社交小指引 （10）	第十单元： 主动分享（4）	1. 物质分享 2. 精神分享	1. 列举物质分享和精神分享的经典故事，说明培养分享的重要性。 2. 辩论：对于自己喜欢的东西，是否应该分享。
		第十一单元： 遵守时间（4）	1. 准时赴约 2. 按时完成	1. 列举生活中不守时造成的影响，培养守时的好品德。 2. 讨论：为什么守时是中华美德？ 3. 小组讨论按时完成任务的好习惯和做法。
		第十二单元： 恰当帮助（2）	1. 适时的帮助 2. 不妥的帮助	1. 观看十大好人好事视频，畅谈自己的感受。 2. 辩论：所有的帮助都是合适的吗？ 3. 写一写小文章：身边的帮助。

续 表

	模块主题 (课时)	单元主题 (课时)	内容项目	主 要 活 动
课程实施	模块五: 外交小贴士 (12)	第十三单元: 尊重和自律(4)	1. 相互尊重 2. 自我管理	1. 观看国内外外交视频,谈谈尊重的表现。 2. 以小组为单位,展演面对外国友人时的做法。
		第十四单元: 认同和从俗(4)	1. 认同文化 2. 遵从习俗	1. 收集各国有特点的文化习俗,并做好记录。 2. 结合具体情景,讨论:各国有哪些和中国不同的风俗习惯? 3. 以小组为单位,选择一个国家,制作当地的习俗小报,培养文化认同感。
		第十五单元: 参观和培养(4)	1. 了解历史 2. 培养情怀	1. 参观古巴领事馆,并认真做好记录。 2. 以小组为单位,收集历史上出使他国的人物和事件,并由小组派代表进行介绍。 3. 观看外交部发言人的经典视频,撰写观后感,培养学生爱国情怀。
学习评价	一、小组学习评价 (一)过程评价 根据小组合作内容开展情况,确定有没有形成合作学习的习惯以及讨论与探究问题是否踊跃。 (二)结果评价 1. 展演内容(满分10分) (角色职责清晰、语言流畅、神情自信、举止礼貌大方) A 非常好 9—10 分　　　　　　B 比较好 6—8 分　　　　　　C 一般 3—5 分 2. 辩论表现(满分10分) (思路清晰、语言流畅、自信大方、举止礼貌) A 非常好 9—10 分　　　　　　B 比较好 6—8 分　　　　　　C 一般 3—5 分 二、个人学习评价 (一)过程评价 根据活动单元完成情况,确定有没有养成相关的学习习惯以及学习过程是否扎实。 (二)结果评价 1. 作品展示(满分10分) (作品设计独特、内容符合实际、作品具有美感) A 非常好 9—10 分　　　　　　B 比较好 6—8 分　　　　　　C 一般 3—5 分 2. 小作文撰写 (观点阐述正确、与实际吻合、文字流畅) A 非常好 9—10 分　　　　　　B 比较好 6—8 分　　　　　　C 一般 3—5 分				

表 3-8 "乘风少年"综合课程(航空知识)课程纲要

课程(群)名称	寻航空历史,知过去未来——"航空知识"微课程			课程类型	综合课程
适用年级	全年级学生	总课时	48 课时	课程对象	全体学生
课程目标	1. 学生通过了解国内外航空发展史,对航空发展的重要时间历程有清晰的梳理,提升问题探究和查阅资料的能力。 2. 通过图书馆、互联网等,查找资料,了解航空港的组成部分、建筑及设施。 3. 能按要求完成学习任务单,能运用画图、书写等形式记录实验现象,了解不同飞行器的飞行原理,激发学生的好奇心和创造能力。 4. 观看电视剧《筑梦蓝天》剪辑版,绘制剧情中的人物图谱。 5. 认识机场内已有标识,寻找出辨识度不高的标识进行重新设计,提供设计思路,培养学生主动发现问题的能力,提升学生的合作能力和创造性思维。 6. 知道从进入机场到顺利登机需要过几道安检,尝试进行模拟通过机场安检和模拟值机演练,提升学生的生活经验,培养学生良好的表达能力。				
课程实施	模块主题(课时)	单元主题(课时)	内容项目	主 要 活 动	
	模块一:古今中外航空史(10)	第一单元:中国航空史(5)	1. 探索风筝的前世今生 2. 孔明灯的飞行秘密 3. 走进中国第一颗氢气球 4. 中国航空史上第一架飞机	1. 设计未来的风筝,激发创造能力。 2. 按要求完成学习任务单,能运用画图、书写等形式记录实验现象。 3. 知道利用轻于空气的气体,可以推动飞行器升空;尝试自主设计简易飞行器。 4. 了解冯如制造中国第一架飞机的故事;学习制作"蝴蝶飞行器",并能就制作过程产生质疑。	
		第二单元:世界航空史(5)	1. 热气球是如何飞起来的 2. 飞跃海峡的氢气球 3. 世界大战的产物——飞艇 4. 李林达尔的滑翔飞行 5. 载人动力飞机的诞生 6. 航空武器"鸽"式飞机	1. 了解热气球飞行原理是空气受热后温度升高,体积膨胀上升;在放飞"热气球"活动中,能运用绘画、书写等形式进行设计和记录实验现象。 2. 能使用空气动力学原理,将气球与纸杯组合制作出气球飞艇载物。 3. 了解载人动力飞机的飞行原理和历史背景,尝试制作"雷鸟"橡皮动力飞机。	
	模块二:"空中思路"航空港(8)	第三单元:我与航空港的初识(4)	1. 什么是航空港? 2. 我国四大航空港	1. 通过图书馆、互联网等,查找资料,了解航空港的组成部分、建筑及设施。 2. 自主查阅资料,能在地图上圈出我国四大航空港的地理位置;小组讨论影响航空港建设的有关因素。	

续　表

	模块主题 (课时)	单元主题 (课时)	内容项目	主 要 活 动
课程实施	模块二: "空中思路" 航空港(8)	第四单元: 我家乡的航 空港(4)	1. 家乡航空港的 名字 2. 介绍家乡的航 空港	1. 收集家乡航空港的名字,分类梳理,发现航空港取名的不同特点,树立文化自信。 2. 试着为浦东国际机场取个新的名字。 3. 试着将收集到的有关资料改写成说明性文字,介绍家乡的航空港。
	模块三: 展翅翱翔大 飞机(12)	第五单元: 飞机构造(4)	1. 认识飞行器 2. 认识机身 3. 认识机翼、尾翼	1. 在了解飞行器发明史中,探究常见飞行器的飞行动力。 2. 通过小组探究,能够大胆探究飞机机身外部和内部的构造。 3. 认识飞机的机翼和尾翼,尝试通过纸杯飞行器的制作与发射实验,并通过趣味实验感知伯努利原理。
		第六单元: 飞机分类(4)	1. 民用飞机 2. 通用飞机 3. 民用直升机 4. 民航客机	1. 知道民用飞机的世界简史和中国民用飞机简史。 2. 搜索感兴趣的民用货机型号,以小组为单位并用 PPT 形式做简单介绍。 3. 通过自主的探索,知道大部分的民航客机类型和特点。
		第七单元: 飞机鉴赏(4)	1. "空中女王"—— 波音 747 2. "空中巨无霸" ——空客 A380 3. 中国自己的大 飞机——C919 4. "鸭式"气动布 局——歼-20	1. 了解"空中女王"波音 747 的兴起与陨落历史,为波音 747 绘制全系列图谱。 2. 自主搜集资料,完成 C919 大事记。 3. 为 C919 制定使用指南,尝试向全世界推广这架机型。 4. 了解歼-20 气动原理,模拟"歼20""歼 10""歼 16"等机型进行朋友圈互动。
	模块四: 航空英雄展 技能(8)	第七单元: 《逐梦蓝天》 中的航空人 (4)	1. 新中国成立 70 年间中国航空 工业发展过程 2. 中国航空英雄	1. 观看电视剧《筑梦蓝天》剪辑版。 2. 绘制剧情中的人物图谱。 3. 绘制剧情中的情节图谱。 4. 为剧情中的最喜欢的人物设计一张角色名片;聚焦最能表现航空精神的场景,能改编成剧本,演一演。

续 表

<table>
<tr><td></td><td>模块主题
(课时)</td><td>单元主题
(课时)</td><td>内容项目</td><td>主 要 活 动</td></tr>
<tr><td rowspan="3">课程实施</td><td>模块四:
航空英雄展技能(8)</td><td>第八单元:《中国机长》中的航空人(4)</td><td>1. 客机上的分工及职责
2. 客机上的航空英雄</td><td>1. 观看影片《中国机长》。
2. 根据影片内容,梳理客机工作人员的不同分工。
3. 挑选最喜欢的人物,写下最想对他说的话。
4. 能够为空乘设计具有国风元素的新制服,作为对机上所有工作人员的嘉奖。</td></tr>
<tr><td rowspan="2">模块五:
航空环境大探秘(10)</td><td>第九单元:机场外部环境(4)</td><td>1. 塔台的作用
2. 认识机场跑道
3. 机场航站楼</td><td>1. 了解塔台的作用,分析塔台内需要包含哪些设备;绘制最美塔台。
2. 模拟塔台工作人员与飞行员对话沟通,获得“毓秀航空”飞行执照。
3. 了解不同国家机场的机场跑道,知道机场侧向跑道存在的意义。
4. 能够区分机场跑道道面标志、滑行道道面标志和机坪道面标志,绘制清晰的思维导图。</td></tr>
<tr><td>第十单元:(6) 机场内部环境</td><td>1. 认识机场标识
2. 机场里的重重“关卡”
3. 走进机场连廊
4. 值机柜台的使用
5. 行李托运的小规矩
6. 机场航班信息牌</td><td>1. 认识机场内已有标识,小组为单位寻找机场内辨识度不高的标识进行重新设计,提供设计思路。
2. 知道从进入机场到顺利登机需要过几道安检,尝试模拟通过机场安检。
3. 知道机场设置连廊通常在什么位置,为机场设计连廊画展。
4. 通过查阅资料知道行李托运有哪些要求,为行李托运设计更合理流程。
5. 知道机场航班信息班的位置,能读懂航班信息牌。</td></tr>
<tr><td>学习评价</td><td colspan="4">一、小组学习评价
(一) 过程评价
根据小组活动开展情况,确定是否形成合作交流的习惯以及讨论与探究问题是否踊跃。
(二) 结果评价
1. PPT 完成度高,字体、图片等内容排版合理,模板美观。
A 非常好 90—100 分　　B 比较好 80—89 分　　C 一般 70—79 分
2. 模拟演练配合度高,能够与实际在机场情境相适配。
A 非常好 90—100 分　　B 比较好 80—89 分　　C 一般 70—79 分
3. 设计新颖,加入创新性元素,得到各小组投票认可。
A 非常好 90—100 分　　B 比较好 80—89 分　　C 一般 70—79 分
4. 作品展示
A 非常好 90—100 分　　B 比较好 80—89 分　　C 一般 70—79 分</td></tr>
</table>

学习评价	二、个人学习评价 (一)过程评价 根据任务单完成情况,确定是否养成相关的学习习惯以及学习过程是否扎实。 A 非常好 90—100 分　　　B 比较好 80—89 分　　　C 一般 70—79 分 (二)结果评价 1. 作品展示 A 非常好 90—100 分　　　B 比较好 80—89 分　　　C 一般 70—79 分 2. 模拟演练 A 非常好 90—100 分　　　B 比较好 80—89 分　　　C 一般 70—79 分

表 3 - 9　"乘风少年"综合课程(航空科创)课程纲要

课程(群) 名称	聚"毓秀"小创,绘蓝天白云 ——"航空科创"微课程		课程类型	综合性
适用年级	1—5 年级	总课时	58	课程对象	全体学生

课程目标	1. 了解一些飞行器的基本构造,知道国内外飞机的发展历史和重大事件,知道航模的定义和类别,知道不同飞行器飞行的原理。 2. 通过设计风筝、模型飞机、未来飞机模型等活动,激发想象力,提高创造能力。 3. 通过测量分析图形增强学生的识图能力,在动手操作中锻炼其动手能力,通过放飞培养学生发现问题和解决问题的能力。 4. 在小组活动中,提高学生的交流能力和表达能力。 5. 激发对航空事业的兴趣,培养团队合作精神、爱国主义精神。

课程实施	模块主题 (课时)	单元主题 (课时)	内容项目	主　要　活　动
	模块一: 飞行器的古老传说(9)	第一单元: 风筝(5)	1. 风筝的故事(1) 2. 风筝的结构(1) 3. 制作风筝(2) 4. 放风筝(1)	1. 查阅资料,撰写有关风筝的故事。 2. 能有感情地在课堂上将故事讲给同学听,了解有关风筝的起源、传说、历史故事等。 3. 小组合作,查阅资料,了解风筝的结构、制作材料和各部分的作用。 4. 设计并绘制风筝草图。 5. 小组合作,制作一只风筝。 6. 调试并放飞,总结放风筝的技巧。留下美丽的合照。
		第二单元: 孔明灯(4)	1. 孔明灯的故事(1) 2. 孔明灯的结构(1) 3. 制作孔明灯(1) 4. 室内放飞孔明灯(1)	1. 查阅资料,交流讨论孔明灯的作用、渊源、寓意等。 2. 观察孔明灯,探究孔明灯的结构。讨论孔明灯为什么会飞。 3. 设计并制作孔明灯。 4. 室内实验,放飞孔明灯。了解放飞孔明灯是有安全隐患的。 5. 开灯会,欣赏孔明灯。

	模块主题（课时）	单元主题（课时）	内容项目	主 要 活 动
课程实施	模块二：模型的匠心创造(14)	第三单元：飞机(4)	1. 认识飞机(1) 2. 飞机的结构(1) 3. 飞机为什么会飞(1) 4. 神奇的机翼(1)	1. 观察各类国内外飞机，了解飞机的种类和不同类型飞机的特征。 2. 观察飞机模型，说一说飞机主要由哪些部分组成，探讨各部分的作用。 3. 通过查阅资料、观看视频、小组讨论等多种途径，了解飞机为什么会飞。 4. 通过观察机翼状态变化对飞机飞行轨迹的影响，了解不同类型机翼的作用。
		第四单元：橡筋动力模型飞机(4)	1. 橡筋动力模型飞机的结构(1) 2. 橡筋动力模型飞机的组装与调试(2) 3. 模型飞机比赛(1)	1. 通过对比，说一说橡筋动力飞机模型与飞机在结构上的区别。 2. 根据说明书，组装橡筋动力模型飞机。调整机翼的位置、角度，尾翼的位置、角度，橡筋的松紧。体会模型飞机各部分对飞行轨迹的影响。 3. 根据机型，举行距离赛或留空时间赛。
		第五单元：木质模型飞机(6)	1. 如何制作木质模型飞机(1) 2. 绘制设计图(2) 3. 制作木质模型飞机(2) 4. 木质模型飞机展览会(1)	1. 小组讨论，怎样才能制作出一架木质模型飞机。头脑风暴，总结制作木质模型飞机的步骤、所需材料和所需工具。 2. 交流讨论，在设计飞机各部分时要注意什么。 3. 根据设计图，制作木质模型飞机。 4. 作品交流展示。
	模块三：无人机的苍穹之舞(11)	第六单元：多旋翼无人机的原理和结构(3)	1. 多旋翼无人机的结构(1) 2. 多旋翼无人机的飞行原理(1) 3. 多旋翼无人机的控制(1)	1. 观察多旋翼无人机，说一说它由哪些部分组成，各部分有什么作用。 2. 分析讨论多旋翼无人机是如何上升、下降、前进、后退、旋转的。 3. 了解多旋翼无人机和遥控器之间的关系，学会对频操作，理解无人机的灯语。
		第七单元：多旋翼无人机的组装与调试(4)	1. 组装多旋翼无人机(2) 2. 调试多旋翼无人机(1) 3. 经验交流会(1)	1. 组装模块化多旋翼无人机模型。 2. 检查飞控、电调、电机等各部分是否正常。检查电机的转向是否正常。 3. 开展无人机组装与调试经验交流分享会，互相学习，共同进步。

续　表

模块主题 (课时)	单元主题 (课时)	内容项目	主　要　活　动
课程实施	**模块三:** 无人机的苍穹之舞(11)	第八单元: 多旋翼无人机的操作训练(4)	1. 上升和下降(1) 2. 直线飞行和后退飞行(1) 3. 四面悬停(1) 4. 垂直矩形(1)	开展各类无人机操纵训练。帮助学生熟悉无人机的基本操作,为今后的进阶训练打下基础。
	模块四: 编程的数据赋能(12)	第九单元: 初识编程(3)	1. 什么是编程? 2. 如何编程	1. 认识什么是编程。 2. 了解编程语言以及编程分类。 3. 掌握无人机编程 4. 发现编程的意义。
		第十单元: 无人机创意编程(5)	1. 起降 2. 直线移动 3. 三角形运动 4. 矩形运动 5. 矩形循环	练习各类无人机创意编程实例,注意各类编程思维的引导。 (编程思维: 分解——化繁为简 识别——整合规律 抽象——聚焦关键 算法——逻辑思维)
		第十一单元: 无人机编程设计(4)	1. 无人机创意编程练习——摇摆、波浪 2. 无人机创意编程作业——编程舞蹈	1. 思考如何做出一个摇摆效果。 2. 设计舞蹈动作。 3. 编程设计。 4. 交流评价(将从创意性、匹配度、流畅性、感染力、动作完成度五个维度去评价)
	模块五: 未来的无限创想(12)	第十二单元: 梦想中的飞行器(4)	1. 飞机的组成和特点(1) 2. 梦想中的飞行器设计(1) 3. 飞机模型的彩泥制作(2)	1. 收集资料,了解飞机的组成并交流。 2. 手绘设计梦想中的飞机。 3. 用彩泥制作自己设计的飞机模型。
		第十三单元: 飞行环境的设想(4)	1. 机场的组成和特点(1) 2. 梦想中的机场设计(1) 3. 机场模型的彩泥制作(2)	1. 收集资料,知道飞机场的一些要点并交流。 2. 手绘设计梦想中的机场。 3. 用彩泥制作梦想中的机场。
		第十四单元: 飞往的梦想之地(4)	1. 梦想之地的图片 2. 梦想之地的特色	1. 收集自己梦想之地的图片并相互欣赏。 2. 分享和交流梦想之地人文特色并说说喜欢的理由。 3. 发现自己周围环境之美,并进行拍摄展览。

续 表

学习评价	本课程的学习评价将多角度、多维度开展。 1. 多角度 (1) 学生课前准备(查阅资料、活动准备等) (2) 学生课堂表现(课堂纪律、参与问答情况等) (3) 学生小组活动表现(角色分工、小组贡献、合作情况等) (4) 学生学习成果(作品评价、反馈情况等) 2. 多维度 (1) 知识与技能(航空知识、制作水平等) (2) 过程与方法(学习方式、学习途径等) (3) 情感态度与价值观(科学态度、爱国精神等)

表 3–10 "乘风少年"综合课程(航空德育)课程纲要

课程(群)名称	承航空精神,做时代新人——"航空德育"微课程		课程类型		综合课程
适用年级	全年级	总课时	51课时	课程对象	全体学生
课程目标	1. 收集关于航空相关故事,通过绘画故事集、体验岗位的形式体会航空精神。 2. 通过参加心理健康的培训,制作个人健康报表,辩论比赛,懂得保持心理健康的重要性。 3. 观察航空新型劳动工具,既能明白创新型劳动的广泛应用和便捷,又能在学校开展的劳动技能比赛中归纳劳动小妙招。 4. 通过学习法律的基础知识,制定关于学校航空社区的"法规"并通过志愿者体验,进一步感受法治社会的秩序性。 5. 了解机场的乘坐流程,知道有关航空的安全知识和消防安全知识,延伸至学生生活中的安全教育。				
课程实施	模块主题 (课时)	单元主题 (课时)	内容项目	主 要 活 动	
	模块一: 凌云壮志放光芒(10)	第一单元: 研发历史过程(4)	1. 歼20研发故事(2) 2. C919研发故事(2)	1. 学生收集关于歼20、C919研发的故事,通过制作微视频形成系列故事集。 2. 学生自制剧本,形成相关励志剧集,定期进行推送宣传。	
		第二单元: 航空工作人员(6)	1. 机组人员(2) 2. 地勤工作(2) 3. 机务工作(2)	1. 角色扮演,进行岗位体验培训,学习相关知识。 2. 实地进行一日岗位体验,体验不同民航职业的艰辛。 3. 用相机记录一日岗位体验vlog。 4. 写下体验感受,致敬航空人。	

续　表

	模块主题（课时）	单元主题（课时）	内容项目	主　要　活　动
课程实施	模块二：从"心"出发守健康(8)	第三单元：空勤人员的心理健康(4)	1. 空勤人员心理健康知识(1) 2. 维持心理健康的方法(3)	1. 参加一次专业的空勤人员的心理培训,体会心理健康对于航空人的重要性。 2. 测试自己的心理健康情况,并制定一份心理健康报告。 3. 以小组的形式交流,根据报告制定一份心理调节方案。 4. 实施方案并用PPT演讲的方式,总结经验。
		第四单元：地勤人员的心理健康(4)	1. 地勤人员心理健康知识(1) 2. 维持心理健康的方法(3)	1. 参加一次专业的地勤人员的心理培训。 2. 通过辩论"空勤""地勤"的心理哪个更重要,最终形成辩论总结。 3. 根据辨论结果,总结维持地勤人员心理健康的方法。
	模块三：创新劳动助航空(7)	第五单元：劳动工具(4)	1. 民航中的劳动情况(1) 2. 传统劳动工具(1) 3. 创新型劳动工具(2)	1. 学生收集相关资料,归纳总结出劳动工具。 2. 交流讨论,对比分类劳动工具,发现新型劳动工具在民航事业中的广泛应用。 3. 绘画"金点子",创想未来新型劳动工具。
		第六单元：劳动妙招(3)	1. 整理有妙招(1) 2. 收纳有妙招(1) 3. 清洁有妙招(1)	1. 通过劳动主题教育课的学习,学会劳动。 2. 通过行李箱整理、机上厨房收纳等比赛,反思总结劳动小妙招。
	模块四：蓝天之下法同行(10)	第七单元：国内航空法律(4)	1. 机场法律(2) 2. 机上法律(2)	1. 招募法治小志愿者,通过组队的模式,收集整理航空法。 2. 结合机场法律,研究一部校园"法规"。 3. 收集各种违法案例,自制一部宣传片。
		第八单元：国际航空法律(3)	1. 空中航行(1) 2. 国际航空运输(1) 3. 国籍制度(1)	1. 学习国际法律知识。 2. 绘制乘坐国际航班的流程,了解每个流程需要遵守的国际法律。 3. 通过角色扮演、游园活动,体会国际航空法律知识。

续　表

	模块主题 (课时)	单元主题 (课时)	内容项目	主　要　活　动
课程实施	模块五： 航天安全齐 行动(16)	第九单元： 安全环境的 建设(8)	1. 机上、机场环境 的认识(4) 2. 机上安全(2) 3. 机场安全(2)	1. 小组交流,结合自己的生活经验 以及机场的实地参观,制作一份 机场环境立体图。 2. 通过交流,制作一份安全小贴士。
		第十单元： 机场消防安 全(8)	1. 消防安全基础 知识(4) 2. 学当消防安全 志愿者(4)	1. 学习消防安全的主题教育课。 2. 实地消防演习参观和体验。 3. 制作一份关于消防安全的宣传 小报。 4. 勇当安全志愿者。
学习评价	一、小组学习评价 (一) 过程评价 根据小组活动开展情况,确定是否形成合作交流的习惯以及讨论与探究问题是否踊跃。 (二) 结果评价 1. 演讲内容(满分 10 分) (角色职责清晰,内容目标明确,结合实践经验) A 非常好 9—10 分　　　　B 比较好 6—8 分　　　　C 一般 3—5 分 2. 演讲表现(满分 10 分) (语言流程,神情自信,举止大方) A 非常好 9—10 分　　　　B 比较好 6—8 分　　　　C 一般 3—5 分 3. 辩论表现(满分 10 分) (论点有依据,语言清晰,总结到位) A 非常好 9—10 分　　　　B 比较好 6—8 分　　　　C 一般 3—5 分 4. 作品展示(满分 10 分) (作品有美感,有创新意识,内容符合实际情况) A 非常好 9—10 分　　　　B 比较好 6—8 分　　　　C 一般 3—5 分 5. 视频反馈 (内容符合实际情况) 二、个人学习评价 (一) 过程评价 根据活动单完成情况,确定是否养成相关的学习习惯以及学习过程是否扎实。 (二) 结果评价 1. 作品展示(满分 10 分) (作品有美感,有创新意识,内容符合实际情况) A 非常好 9—10 分　　　　B 比较好 6—8 分　　　　C 一般 3—5 分 2. 视频制作(满分 10 分) (内容有依据科学,画面清晰精美,语言自信大方) A 非常好 9—10 分　　　　B 比较好 6—8 分　　　　C 一般 3—5 分

第四章　生物综合课程

第一节　致远中学"现实模拟"综合课程

一、综合课程结构

"现实模拟"综合课程结构如图4-1所示。

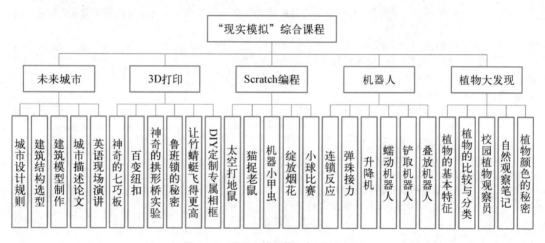

图4-1　"现实模拟"综合课程结构

二、综合课程纲要

"现实模拟"综合课程纲要示例见表4-1。

表4-1　"植物大发现"课程纲要

课程名称	植物大发现			课程类型	拓展型课程
适用年级	六、七年级	总课时	13课时	课程对象	有科学探究热忱的学生
课程目标	修改课程目标： 本课程计划实施"认识植物的特征与分类""观察校园内的植物并记录""绘制自然观察笔记"和"探寻植物颜色的秘密"等实践课程,所涉及的学科有语文(撰写、表达)、美术(绘制笔记)、生命科学(植物学)、信息技术等。				

续　表

课程目标	通过认识植物的特征、掌握分类的方法,借助"形色"app初步了解校园内的植物种类,分小组展开观察、提出方案并制作图表展示校园植物分类情况,以及进行各小组汇总与成果交流。结合个人喜好、已有的观察结果,运用形状、线条、色彩等元素,配以合适的文字叙述,绘制一份关于植物的自然观察笔记,进行一项以"发现植物颜色的奥秘"为题的科学探究活动。能够向同伴展示并说出自己的评价观点,在观察、分析、总结的过程中,提升观察与思考、分析与归纳的探究能力,培养科学探究精神,激发深度学习。		
课程实施	单元主题 (课时)	内容项目	主　要　活　动
	第一单元: 植物的基本特征(1)	1. 认识生物多样性,了解植物的基本特征。 2. 能举例说明植物具有的共同特征。	1. 通过观察、比较和分析,找出植物的共同特征。 2. 与同伴交流结果,讨论或达成一致。 3. 完成"植物寻宝"活动,并参与小组分享。
	第二单元: 观察植物细胞(1)	1. 知道细胞的基本结构、功能及其异同。 2. 观察洋葱表皮细胞,能画出细胞结构简图。	1. 教师指导学生完成临时装片的制作,观察洋葱表皮细胞,能画出细胞结构简图。 2. 结合教材图片,比较动植物细胞的不同。 3. 联系生活实例,说说自己对植物细胞的更多认识。
	第三单元: 《细胞工厂》赏析(1)	1. 观看科学短片《细胞工厂》。 2. 简述学科前沿在生物制药、食品等领域的应用。	1.《细胞工厂》介绍了如何依据合成生物学和代谢工程的原理,以工程设计的思路,改造并优化已存在的代谢通路,提高目标产品的产量,或者设计自然界不存在的、全新的生物合成路径,实现大宗化学品、精细化学品和药物化学品的合成,生动地揭示了细胞工厂技术对解决人类面临的能源、资源和环境问题产生的深远影响。 2. 观看短片,了解1970年代为应对能源危机,科学家们开始开发与利用一种神奇的微生物——微藻。 3. 感受日新月异的化学化工前沿技术,在解决人类基本物质需求的同时,也在不断为可持续发展寻找机遇。 4. 撰写观看有感200字左右。
	第四单元: 比较与分类(2)	1. 比较同种生物的异同,找到分类的准则,能清楚准确地分类。 2. 认识检索表,能根据事物的特征分类编制检索表。	1. 寻找若干种具有代表性的植物,如苹果、银杏果、苔藓、蕨类、海带等。 2. 从种子、花、茎、叶、根等宏观结构上找到分类的依据。 3. 学会使用图表式找到生物或生物某些特征。 4. 根据老师提供的植物叶片,比较并找到分类的依据。 5. 编制一张4种植物叶片的检索表。
	第五单元: 校园植物观察员(1)	亲近校园,近距离观察校园内的植物。	1. 查阅更多植物叶子的特征,如着生方式、形状、数量、叶脉等的信息。 2. 对校园植物叶子的收集、观察、比较、辨认,找出叶片的特征。 3. 小组合作学习、分辨、讨论,确定分类准则,并编制校园植物叶片的检索表。

	单元主题（课时）	内容项目	主 要 活 动
课程实施	第六单元：自然观察笔记(2)	记录一种自己感兴趣的植物，用图画与文字结合形式呈现观察日记。	1. 明确活动主题。 2. 了解自然观察笔记的特征。 3. 理解自然笔记的核心 7 要素。 4. 选择一种自己感兴趣的植物作为观察对象。
	第七单元：植物颜色的秘密(1)	1. 初步学会快速提取植物中的色素的方法。 2. 加深对指示剂的理解。	1. 通过观察色素在不同酸碱性的液体中的颜色变化，比较实验结果。 2. 借助学习活动单，初步判断是否可以代替石蕊用于区分未知溶液的酸碱性。 3. 通过科学家故事，激发学习的热情、体验制作的兴趣。 4. 通过构建自制指示剂的思维模型，明白科学探究有条理，探究同类问题有方法。
学习评价	本课程充分调动学生主动参与评价的积极性，自评以学生个体或小组为主体，这里列举第六章自然观察笔记的学生自评表，针对自然观察笔记作品所具备的要素，确定了自评量表的三级评价指标，为了能更客观、更有说服力，结合生物、美术学科教师，植物爱好者等多视角的方式，更能激发学生的主动性，而且往往更具有指导意义，对作品评选也有一定参考价值。		

2022 年自然观察笔记作品 征集 学生自我评价表				非常符合	大多符合	基本符合	很少符合	不符合
一级指标	二级指标		三级指标					
自然观察	主题独特鲜明	1	观察对象来源于生活					
		2	选题新颖，富有创意					
	发现或观察的过程	3	能在观察中提出问题					
		4	基于观察有发现问题产生的原因					
	观察现象客观真实	5	能客观、持续地观察					
		6	运用了类比、比较的基础方法					
绘制笔记	科学探究的过程	7	能就观察所得进行推理					
		8	尝试收集相关资料，获得证据支持					
	图文结合、记录准确且科学	9	图画呈现生物的结构和特征					
		10	文字描述了无法用画面呈现的内容					

续　表

| 2022 自然观察笔记作品征集 学生自我评价表 | | | | （仅作为参与过程性记录，不作为评价结果） | | | | |
一级指标	二级指标	三级指标		非常符合	大多符合	基本符合	很少符合	不符合
绘制笔记	版式设计科学美观	11	版式布局合理、美观					
		12	结合了比例尺和放大镜描绘生物形态					
个人情感	作者的感悟或者收获	13	从观察中受到启发，产生对生命的感悟					
		14	与观察对象建立情感联系，对认识事物有深刻认识					

（"学习评价"为左侧一级栏目）

第二节　张江高科实验小学"中草药"综合课程

一、综合课程结构

"中草药"综合课程结构如图 4-2 所示。

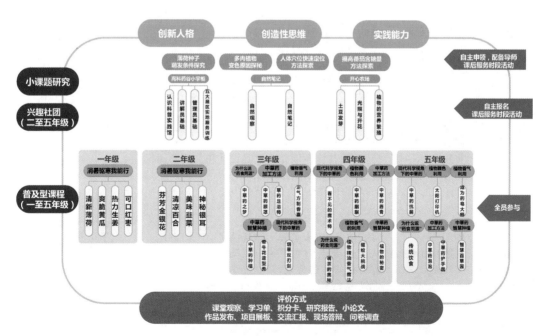

图 4-2　"中草药"综合课程结构

二、综合课程内容

"中草药"综合课程内容如表 4-2 所示。

表 4-2　"中草药"综合课程内容一览

课程名称	目标 (创造力指向)	内　容	实施(主要 活动方式)	评价	对象	选/ 必修	备注
消暑驱寒 我能行	观察能力 信息收集整理 能力 动手实践能力	以日常生活中常见的药食同源的中草药为引,启发学生调动多种感官对中草药进行悉心观察,探究中草药的药用价值以及食用价值,了解它们的生长过程以及适合的搭配,在生活当中学以致用。	绘本阅读 观察 动手制作 种植体验 讨论 调查	自评 互评 师评	一、二 年级	必修	
为什么说 "药食同源"?	创新人格 创造性思维 实践能力	认识一些常见的"药食同源"的中草药,初步了解其特点作用,并利用其特性设计、制作和优化一款日常用品,致力于健康生活。	问卷调研 实践体验 实地考察 交流评价	自评 互评 师评	三~五 年级	必修	
中草药的 加工方法	创新人格 创造性思维 实践能力	学习一些常见且简单的中草药加工制作方法,设计、制作和优化一款中草药产品,改善日常生活品质。	市场调研 技能学习 产品设计和 制作 成果发布 交流评价	自评 互评 师评	三~五 年级	必修	
植物颜色 的利用	创新人格 创造性思维 实践能力	初步认识姜黄等具有染色作用的中草药,利用其特性制作创意作品,美化生活,增添情趣。	市场调研 技能学习 产品设计和 制作 成果发布 交流评价	自评 互评 师评	三~五 年级	必修	
植物香气 的利用	创新人格 创造性思维 实践能力	实践体验,初步了解从古至今人们对芳香植物的运用方式,设计制作和优化一款中草药产品,改善日常生活品质。	市场调研 问卷调查 技能学习 产品设计和 制作 成果发布 交流评价	自评 互评 师评	三~五 年级	必修	

续　表

课程名称	目标 （创造力指向）	内　容	实施（主要 活动方式）	评价	对象	选/ 必修	备注
中草药智慧种植	创新人格 创造性思维 实践能力	针对种植过程中的常见问题，探索解决方法，实践优化方案，让植物健康成长。	对比实验 实地考察 种植实践 结构设计与搭建 成果发布 交流评价	自评 互评 师评	三～五年级	必修	
现代科学视角下的中草药	创新人格 创造性思维 实践能力	从科学角度认识一些常见中草药的特点和药用价值，用科学实验来验证药用功效，初步体会中医药在现代科学视角下的发展。	对比实验 实践体验 成果发布 交流评价	自评 互评 师评	三～五年级	必修	
开心农场	创新人格 创造性思维 实践能力	开展中草药植物种植活动，观察、记录植物的生长过程，学会科学的种植方法，学会观察、实验、比较的科学研究方法，亲自参与土地的劳作，体验成长的快乐和收获的喜悦，感受大自然的美妙。	技能学习 实践体验 对比实验 成果发布 交流评价	自评 互评 师评	三～五年级	选修	
高科药谷小掌柜	创新人格 创造性思维 实践能力	学习中草药科普实践管理技能、讲解技能，自主设计实施参观体验活动，并进行讲解和指导，在广大学生与场馆之间当好沟通的桥梁。	技能学习 实践体验 设计参观流程 为参观者讲解 交流评价反馈	自评 互评 师评	二～五年级	选修	
自然笔记	创新人格 创造性思维 实践能力	学会由浅入深、由表及里地有序观察，通过有主题的自然观察绘画和记录，生动地表达自己对亲近大自然的感受、观点、探索和思考。	技能学习 实地考察 绘画 实验 展示交流 评价反馈	自评 互评 师评	二～五年级	选修	

三、综合课程纲要

"中草药"综合课程纲要如表 4-3 所示。

表 4-3　"中草药"综合课程纲要

课程(群) 名称	中草药探究			课程类型	探究型课程
适用年级	三年级	总课时	每学期 每班18—20课时	课程对象	全体学生
课程目标	1. 通过了解常见中草药的名称、形态特征、功效用途等知识,满足与呵护对未知事物的好奇心与求知欲。 2. 通过开展中草药小制作活动,提高动手操作能力,并能结合实际灵活、有效迁移,制作自己满意的作品,提升思维的发散性。 3. 通过从科学的角度解析、研究中草药特性药效,提高研究方案的设计与实施能力,学会批判性地认识事物,独立、理性地思考问题。 4. 通过运用中草药知识和技能解决现实问题,提升学校、家庭、社区生活品质的活动,学会通过预测假设和科学验证去进一步了解事物,培育敢于承担、乐于挑战的自信,养成主动关心帮助他人、参与社会生活的意识。 5. 通过跨学科小组合作活动,提高团队合作能力,学会运用各学科知识经验综合认识事物。 6. 尊重自然,热爱生命,科学对待人与自然间的关系,学习中医的科学精神,自觉传承、发扬中医文化。				
课程实施	模块主题 (课时)	单元主题 (课时)	内容项目	主要活动	
	模块一: 为什么说 "药食同源" (8—10)	中草药之梦 (8—10)	1. 睡眠时间和睡眠习惯 2. 认识安神中草药 3. 中草药枕头的设计 4. 中草药枕头的制作 5. 作品的测试与改进	1. 调查身边不同人群的睡眠时间和睡眠习惯。 2. 讨论制作健康睡眠习惯手抄报。 3. 听取中医药专家知识讲座,认识安神中草药,简单了解其既能食用,又能药用的特性。 4. 设计一款中草药安眠枕,并收集材料。 5. 制作中草药安眠枕,设计效果测试方案。 6. 测试效果并记录,在班中进行交流,收集反馈。 7. 根据反馈,进行针对性改进。 8. 小组交流展示和评价。	
	模块二: 植物的香气 的利用 (8—10)	正气方制香囊 (8—10)	1. 植物香气的作用 2. 认识中医香囊 3. 了解常用香囊配方 4. 设计和制作香囊 5. 展示和评价	1. 观察和分类,初步认识香囊中常用的一些中草药。 2. 看微视频+小组讨论,初步了解植物香气的来源和作用。 3. 听专家讲座+收集资料,知道常用香囊成分配方和功效特点。 4. 调研和讨论,设计香囊制作方案。 5. 讨论完善制作方案,开展制作活动。 6. 举办产品发布会,进行香囊的展示交流和评价。	

续　表

	模块主题 （课时）	单元主题 （课时）	内 容 项 目	主 要 活 动
课程实施	模块三： 中草药的加工方法 （16—20）	中草药眼罩 （8—10）	1. 用眼卫生小讨论 2. 护眼习惯知多少 3. 护眼草药小科普 4. 眼罩种类小讲堂 5. 眼罩制作大比拼	1. 观看微视频，初步知道眼睛的结构和重要性。 2. 听用眼卫生讲座，并小组讨论，了解预防近视、保护眼睛有哪些好习惯。 3. 市售眼罩小调研，了解其作用和成分，体验眼罩功效。 4. 收集资料，小组交流，认识常见护眼中草药。 5. 观看微视频，知道蒸汽眼罩工作原理。 6. 小组讨论，设计一款护眼眼罩，交流方案。 7. 完善方案，收集材料，进行制作。 8. 举办产品发布会，进行护眼眼罩的展示交流和评价。
		草药足浴师 （8—10）	1. 什么是"足浴" 2. 调研交流，设计足浴包 3. 制作作品，投入使用 4. 交流评选，优化改良 5. 记录感想，作品发布	1. 采访中医药博物馆馆长，初步知道"足浴"和中医的"足部反射理论"。 2. 草木染体验，初步感受中草药在足浴中可以怎样发挥作用。 3. 小组调研市售足浴包并交流，了解常见足浴包中几味常见中草药的形态和功能。 4. 收集资料，小组讨论，设计一款适合自己或家人的足浴包，交流方案。 5. 完善方案，收集材料，进行制作。 6. 举办产品发布会，进行中草药足浴包的展示交流和评价。
	中草药智慧种植 （16—20）	中草药的种植 （8—10）	1. 植物形态与环境的关系 2. 土壤渗水实验 3. 植物繁殖的多种方式 4. 用不同方法繁殖百合 5. 成果展示，分享收获	1. 观察不同植物的形态特征和生长环境，找一找两者之间有什么关联。 2. 讨论和交流，发现植物形态与适合的生长环境之间有着一定的联系。 3. 观看演示视频，了解植物常见的移栽和繁殖方式。 4. 在教师指导下，实践体验百合扦插繁殖。 5. 猜想：不同环境下的百合生长情况可能会有什么不同？ 6. 各小组设计实验方案来验证猜想。 7. 小组交流，完善实验方案，开展实验。 8. 实验结果发布交流，知道适当的栽培技术可以帮助人类和自然和谐发展。

续　表

	模块主题 (课时)	单元主题 (课时)	内 容 项 目	主 要 活 动
课程实施	中草药智慧 种植 (16—20)	牵牛花造型 秀 (8—10)	1. 聚焦问题,实现入项 2. 调查资料,获取信息 3. 设计造型,搭建结构 4. 阶段交流,优化完善 5. 展示评价,分享收获	1. 交流牵牛花种植中的不良状态,如茎软垂、植株无法挺立等,发现问题。 2. 考察校园社区中的攀援植物,采访学校园丁,了解一般攀援植物的生长特性。 3. 小组交流,分享调研结果,讨论让牵牛花健康成长的可行方法。 4. 小组合作,设计牵牛花架造型搭建方案。 5. 收集材料,初步搭建。 6. 小组交流牵牛花架使用效果,发现问题,完善设计。 7. 改进花架,再次观察效果,多次迭代完善。 8. 各组展示成果,交流评价。
	现代科学视 角下的中草 药 (8—10)	烟草"双刃 剑" (8—10)	1. 了解烟草的利与弊 2. 烟草的驱虫作用 3. 烟草驱虫实验 4. 烟草驱虫功效的应用	1. 小组讨论和观看微视频,初步知道吸烟的危害。 2. 实践体验,进一步感受烟草中的有害物质对人体的伤害。 3. 观看微视频,了解杀虫剂的危害,小组讨论:烟草能否发挥对人类有益的作用? 4. 小组合作,设计和开展烟草驱虫实验。 5. 小组交流实验结果,设想烟草驱虫功效在实际生活中的应用,给校领导写一份建议信。
学习评价				1. 以激励性、实践性、多元化为评价原则。设置九大要素的表现水平具体标准及描述,各项目教师选择合适的指标,与课堂教学的学习目标、活动环节相结合,设计评价项目和标准。 2. 在一个项目的不同阶段,采用不同的评价量表、不同的评价任务,让学生可以看到自己在项目中的成长过程、自己的优势之处和还需要改进的地方。 3. 具体评价形式:课堂观察、学习单、积分卡、研究报告、小论文、作品发布、项目展板、交流汇报、现场答辩、问卷调研等。

　　说明:"中草药探究"三到五年级的普及型课程,对学生感兴趣的有关中草药的问题进行调研和概括,分为 6 个大主题(即 6 个模块)。每个大主题下有若干子主题(即若干单元)。根据各年级学生的思维和认知水平、能力水平进行大主题(模块)和子主题(单元)的分配,并非平均分配。

　　本表选择了"中草药探究"普及型课程中的三年级学习内容作为示例。

四、单元与项目活动设计

　　以"中草药智慧种植"模块下的"牵牛花造型秀"单元设计为例。

（一）内容简介

本项目以"如何让牵牛花恢复生机，健康生长？"为驱动性问题，通过项目化学习的方式，引导学生展开对牵牛花造型设计的研究，让牵牛花重新焕发光彩，美化生活环境。本项目旨在帮助学生主动探索真实问题，在过程中激发学生的创造力、团队合作和领导力、动手能力、计划和执行项目的能力等。

本项目涉及的学科有自然、劳技、美术、语文，主要目标是了解常见攀援性植物的一般造型和攀爬方式，提高资料调查、收集与整理的能力，在设计并搭建攀爬结构的过程中提升创新实践能力，初步树立计划先行和工程设计的意识，提高分析归纳、交流表达的能力，同时养成细致耐心、团结合作的学习习惯。

本项目下的各个分支，以及每个分支可供选择研究的问题如图4-3所示。

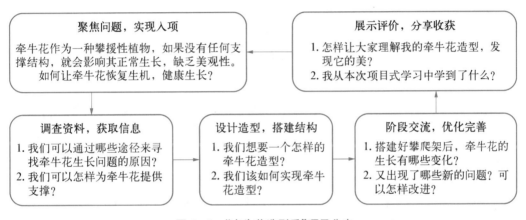

图4-3 "牵牛花造型秀"项目分支

（二）教学设计与活动过程

1. 教学设计

表4-4 "牵牛花造型秀"教学设计

项目主题	牵牛花造型秀	
项目年段	□一年级　□二年级　☑三年级　□四年级　□五年级	
主要学科：	涉及学科：自然、劳技、美术、语文	
核心知识概念	植物的生长方式、结构的稳定性、工程设计 (1) 攀援植物的茎细长不能直立，须攀附支撑物向上生长。 (2) 三角形是一种比较稳定的结构，降低重心和增大接触面可以提高物体的稳定性。 (3) 通过工程设计与实施，可以为植物创设更适合生长的环境。	
学习目标	1. 通过资料调查和实地考察，认识攀援植物的生长特点，了解常见攀援性植物的一般造型和攀爬方式，提高资料调查、收集与整理的能力。	

学习目标	2.通过经历攀爬结构的设计、搭建和反复调试,提升创新实践能力,初步树立计划先行和工程设计的意识。 3.通过搭建牵牛花攀爬架,提高动手操作能力,养成细致耐心、团结合作的学习习惯。 4.通过阶段交流与成果汇报,提高分析归纳、交流表达的能力。
本质问题	如何利用工程方法创设符合植物生长规律的种植环境?
驱动性问题 (含项目情境与 主要问题链)	最近同学们种植的牵牛花都出现了同样的问题,茎软软的垂下来,好像生病了一样。如何让牵牛花恢复生机,健康生长? 如果你能解决这一问题,并让你的牵牛花变成最健康最耀眼的那一个,它将被放置在学校大厅展示,成为我们校园中一道亮丽的风景线!
项目课时安排	第一阶段:聚焦问题,实现入项(2课时) 第二阶段:调查资料,获取信息(2课时) 第三阶段:设计造型,搭建结构(2课时) 第四阶段:阶段交流,优化完善(2课时) 第五阶段:展示评价,分享收获(2课时)
项目成果及 公开形式	团队成果:牵牛花造型作品、项目计划表、资料调查记录单、牵牛花造型设计方案 具体被评估的内容和能力:团队合作、设计方案、信息收集、动手操作 公开形式:牵牛花造型秀评比活动
项目评价内容	团队和个人的整体评价、作品评价、交流展示评价
所需资源	牵牛花种子、花盆、泥土、种植工具、铅丝、木棒、彩泥、尖嘴钳、其他创意物品或装饰材料(学生自备)
备　注	

2.活动过程

表4-5　"牵牛花造型秀"活动过程

活　动　过　程			
活动	阶　段	活动内容与要求	教　师　支　持
第一次 活动	聚焦问题, 实现入项	1.交流问题:自己种植的牵牛花在目前阶段的生长变化,茎叶呈现的状态,以及产生的问题。 2.确定目标:解决牵牛花的生长问题,让牵牛花重新焕发光彩。 3.制订计划:分组讨论,制定项目研究计划,明确分工。	引导问题:如何让牵牛花恢复生机,健康生长? 提供资源:出现生长问题的牵牛花照片。

续　表

活动	阶　段	活动内容与要求	教 师 支 持
第二次活动	调查资料，获取信息	1. 调查：查阅书籍与网络，学习攀援植物的生长特点。 2. 考察：实地考察校园和社区中的攀援性植物，了解它们的一般造型和攀爬方式。 3. 交流：分享资料调查结果。	引导问题： (1) 我们可以通过哪些途径来寻找牵牛花生长问题的原因？" (2) 我们可以怎样为牵牛花提供支撑？ 提供资源：资料调查记录单
第三次活动	设计造型，搭建结构	1. 设计：设计牵牛花造型及搭建方案。 2. 交流：分享交流搭建方案。 3. 操作：准备材料，搭建结构。	引导问题： (1) 我们想要一个怎样的牵牛花造型？ (2) 我们该如何实现牵牛花造型？ 提供资源：牵牛花造型方案设计表
第四次活动	阶段交流，优化完善	1. 交流：分享搭建造型结构后牵牛花的生长状况。 2. 讨论：交流遇到的新问题，讨论解决的办法。 3. 优化：优化完善造型方案。	引导问题： (1) 搭建好攀爬架后，牵牛花的生长有哪些变化？ (2) 又出现了哪些新的问题？可以怎样改进？ 提供资源：晓黑板 app 开设互动平台。
第五次活动	展示评价，分享收获	1. 展示：牵牛花造型。 2. 评价：投票选举最佳造型小组。 3. 交流：活动收获与感想。	引导问题： (1) 怎样让大家理解我的牵牛花造型，发现它的美？ (2) 我从本次项目式学习中学到了什么？ 提供资源：牵牛花造型评价表

（三）项目课程评价

评价贯穿于学生活动的全过程，形成性评价和结果性评价相结合，也结合学生之间的互评。学习单的记录是评价的重要依据。根据项目课程核心素养目标对学生的具体表现进行评价。列出各个阶段的评价内容（图示或表格）。

1. 团队和个人的整体评价

表 4-6　"牵牛花造型秀"活动表现评价表

活动表现评价表			
序号	评 价 内 容	团队评价	个人表现
1	制订项目计划：能对整个项目开展有初步规划，形成具有团队特色的小组名和团队标志，能根据小组成员特点合理分工。	☆☆☆	
2	调查资料：能独立通过多种渠道收集关于攀援植物的生长特点和攀爬方式的信息，并进行熟练的整理和筛选。	☆☆☆	

序号	评 价 内 容	团队评价	个 人 表 现
3	实地考察：对校园和小区中的攀援植物产生强烈的观察兴趣和好奇心，能仔细观察攀援植物的攀爬方式和攀爬架的结构，并能耐心细致地将观察到的现象记录下来。	☆☆☆	
4	设计方案：能产生富有创意的设计想法，绘制清晰明了的造型设计图，并有序罗列所需的材料和工具。	☆☆☆	
5	搭建结构：在搭建攀爬架的过程中能自主掌握一定的科学操作方法，开展规范的实践操作。能主动解决搭建过程中遇到的问题。	☆☆☆	
6	阶段交流：能勇于提出阶段过程中遇到的新问题，分享实践经验。	☆☆☆	
7	优化完善：能根据牵牛花的攀爬情况及同学们的建议，对牵牛花造型做优化处理。	☆☆☆	
8	展示评价：能借助不同形式全面展现自己的牵牛花造型，并能公平公正地对其他小组的牵牛花造型进行评价。	☆☆☆	
9	团队合作：能与团队成员和睦相处，在指导下合理分工，认真做好自己的工作，与同伴协作完成任务、有较强的互助意识。	☆☆☆	

注：
(1) 本评价表仅供参考，评价等级分"三星"还是"五星"可以根据实际情况决定。
(2) 评价内容按活动进程排序，也可有贯穿全程的评价内容。
(3) 个人表现一般可记录特别突出的或亟待改进的。
(4) 此表可用于教师对学生作品的评价，同时也是学生团队互评的评价表。

2. 作品评价表

表 4 - 7 "牵牛花造型秀"作品评价表

作品评价表				
序号	内容	好☆☆☆	一般☆☆	有待改进☆
1	健康度	牵牛花生长状况良好，枝叶繁茂，有花朵绽放。	牵牛花生长状况一般，植株矮小，叶片数量少。	牵牛花生长状况较差，甚至出现枯萎、死亡的现象。
2	美观度	牵牛花造型精致美观，能借助装饰物提升视觉效果。	牵牛花造型完整，辨识度高，视觉效果一般。	牵牛花茎叶杂乱生长，造型不够凸显，视觉效果有待提高。
3	创意度	牵牛花造型新颖，包含3种以上独有的创意元素。	牵牛花造型具有特色，包含1—2种独有的创意元素。	牵牛花造型较为简单，以传统结构为主。

注：此表可用于教师对学生作品的评价，同时也是学生团队互评的评价表。

3. 交流展示评价表

表 4 - 8　"牵牛花造型秀"交流展示评价表

交流展示评价表			
序列	评　价　内　容	团队评价	个人表现
1	合作：能小组合作进行方案及作品的展示与分享。	☆☆☆	
2	表达：能清晰、流畅、自信地进行交流与展示。	☆☆☆	
3	聆听：能认真倾听其他小组的发言。	☆☆☆	
4	质疑：能对其他小组的方案及成果大胆提出质疑。	☆☆☆	

注：此表可用于教师对学生的评价，同时也是学生团队互评的评价表。

(四) 项目课程实施

简述实施中的一些要求和注意事项，例如，分组规则、活动时间分配、提供哪些专用场地或器材资源、学习单、评价表如何利用等等。

分组规则：主张自由分组规则，在培养创新人格素养方面，组织学生在项目开始前竞选组长，民主推选出来的组长比教师指定的更有担当意识，他们组织、参与活动的积极性更强。在项目活动中通过让学生在分工中承担责任，克服惰性，教师适当予以表扬，激发学生的积极性和责任感，共同完成个人难以独立完成的探究任务。

专用场地：① 校园和社区。寻找校园和社区内的攀援植物，观察它们的攀援方式，记录攀爬架的造型与结构。② 电脑房和图书馆：查找关于攀援性植物生长特点的信息。

评价：本项目围绕问题意识、探索精神、动手实践能力、交流合作能力等四个方面展开评价，注重过程性、激励性、多元化，结合能力目标与表现水平的具体要求，结合《学生成长记录手册》的要求，对学生开展过程性与阶段性评价，根据累计☆的颗数，每学年评选出"问题小明星""探究小明星""实践小明星""合作小明星"等荣誉称号。

学习单：根据具体的活动内容，通过学习单、评价单等一系列记录来提供评价的依据，反映课程实施中学生的实践、体验、感悟、交流、展示等活动全过程，引导学生通过评价养成规则意识，学习和发展关键技能，提升核心素养，激励学生通过评价学会实践和反思，发现自我，欣赏他人。

(五) 各阶段教学过程

"牵牛花造型秀"各阶段教学过程如表 4 - 9 所示。

表 4‑9 "牵牛花造型秀"各阶段教学过程

项目阶段:一	聚焦问题,实现入项	
活动简介:聚焦研究问题,成立项目小组,明确成员分工,制订项目计划		活动时长:2 课时

活动目标:
1. 通过交流牵牛花的生长问题,激发探究牵牛花生长特点的兴趣,产生解决问题的欲望。
2. 小组合作,共同设计一份项目计划,明确分工。
3. 小组代表介绍项目计划,并进行交流汇报。
4. 在认真倾听其他小组计划后,仔细思考,积极讨论,大胆提出质疑。
5. 收集其他组提出的意见,小组内讨论,修改完善项目计划。

驱动问题:最近同学们种植的牵牛花都出现了同样的问题,茎软软的垂下来,好像生病了一样。如何让牵牛花恢复生机,健康生长? 如果你能解决这一问题,并让你的牵牛花变成最健康最耀眼的那一个,它将被放置在学校大厅展示,成为我们校园中一道亮丽的风景线!

活动步骤	实 施 要 点	评 价 要 点
一、聚焦问题	1. 交流问题:自己种植的牵牛花在目前阶段的生长变化,茎叶呈现的状态,以及产生的问题。 2. 确定目标:解决牵牛花的生长问题,让牵牛花健康生长。	激发好奇心,关注质疑能力和表达能力。
二、制订计划	1. 全班分组,确定组长,取组名。 2. 绘制团队标志。 3. 小组讨论,制订项目研究计划。 4. 小组讨论,明确分工。	小组名和团队标志应具有小组特色,鼓励与众不同。 树立计划先行意识。
三、交流计划	分小组介绍各自的项目计划(教师在学生交流方案的过程中,适时引导学生互相交流,互相辨析)。 (1) 每个组派一名代表陈述项目计划。 (2) 同组组员适时补充。 (3) 其他同学仔细聆听,仔细思考。 (4) 聆听小组轻声讨论。 (5) 聆听小组对发言小组进行评价,并提出建议与意见。	大胆发言 认真倾听 客观评价
四、完善计划	1. 调整方式。 2. 补充内容。	树立优化意识

项目阶段:二	调查资料,获取信息	
活动简介:资料调查,寻找牵牛花生长不良的原因,了解攀援植物需要支撑物的生长特点,实地考察校园和社区内的攀援性植物,观察它们的造型和攀爬方式。		活动时长:2 课时

活动目标:
1. 通过多渠道调查资料,认识攀援植物的生长特点,提高资料调查、收集与整理的能力。
2. 通过实地考察校园和社区内的攀援性植物,了解常见攀援性植物的一般造型和攀爬方式,提高仔细观察,认真记录的学习习惯。
3. 通过分享交流资料,提高归纳、表达和获取信息的能力。

续　表

驱动问题：
1. 我们可以通过哪些途径来寻找牵牛花生长问题的原因？
2. 我们可以怎样为牵牛花提供支撑？

活动步骤	实　施　要　点	评价要点
一、调查资料	1. 查阅书籍与网络,学习攀援植物的生长特点。 2. 筛选、整理查找到的资料,将归纳的信息记录在《资料调查记录单》上。	信息搜索、甄别、记录能力
二、资料分析	1. 根据汇总的资料,分析牵牛花生长问题的原因。 2. 小组讨论如何为牵牛花提供攀爬环境。	信息分析、迁移能力
三、实地考察	1. 实地考察校园和社区中的攀援性植物,了解它们的一般造型和攀爬方式。 2. 将观察地点、攀援植物的名称、造型及攀爬结构等信息以文字、图画或照片的形式记录在《资料调查记录单》上。	有序观察 认真记录
四、资料分享	1. 各组借助投影或 PPT 等多媒体信息技术,展现资料调查过程,分享调查成果。 2. 各组根据倾听到的讯息,补充资料。	信息技术应用 交流表达 认真倾听

项目阶段：三	设计造型,搭建结构	
活动简介：小组合作,设计并搭建牵牛花造型结构		活动时长：2 课时

活动目标：
1. 通过经历攀爬结构的设计、搭建和反复调试,提升创新实践能力,初步树立计划先行和工程设计的意识。
2. 通过搭建牵牛花攀爬架,提高动手操作能力,养成细致耐心、团结合作的学习习惯。

驱动问题：
1. 我们想要一个怎样的牵牛花造型？
2. 我们该如何实现牵牛花造型？

活动步骤	实　施　要　点	评价要点
一、设计造型	1. 小组讨论牵牛花造型设计方案。 2. 绘制牵牛花造型结构图。 3. 小组讨论结构搭建步骤。 4. 罗列搭建所需材料和工具。明确哪些需要老师提供,哪些自己准备。	发散思维 聚合思维
二、交流方案	分小组介绍各自的设计方案(教师在学生交流方案的过程中,适时引导学生互相交流,互相辨析)。 (1) 每个组派一名代表陈述设计方案。 (2) 同组组员适时补充。 (3) 其他同学仔细聆听,仔细思考。 (4) 聆听小组轻声讨论。 (5) 聆听小组对发言小组进行评价,并提出建议与意见。	大胆发言 认真倾听 客观评价

活动步骤	实　施　要　点	评价要点
三、完善方案	1. 调整方案 2. 补充内容	优化意识
四、搭建结构	1. 根据方案,准备材料和工具。 2. 小组合作,为牵牛花搭建攀爬结构。	操作能力

项目阶段:四	阶段交流,优化完善	
活动简介:借助阶段交流的平台,分享搭建攀爬架后,牵牛花的生长状况和遇到的新问题,探讨解决办法。		活动时长:2课时

活动目标:
1. 通过交流搭建攀爬架后牵牛花的生长情况,提高分析归纳、交流表达的能力。
2. 通过交互平台互动,激发发现问题、提出问题的勇气。
3. 通过讨论问题解决的办法,提高主动解决问题的能力和团结协作的习惯。

驱动问题:
1. 搭建好攀爬架后,牵牛花的生长有哪些变化?
2. 又出现了哪些新的问题? 可以怎样改进?

活动步骤	实　施　要　点	评价要点
一、阶段交流	1. 观察搭建攀爬架后牵牛花的生长变化。 2. 通过"晓黑板"app进行互动交流,了解各小组的牵牛花生长情况。	大胆发言 发现问题
二、讨论问题	1. 交流搭建攀爬架后牵牛花出现的新问题。 2. 小组讨论,探讨问题产生的原因,思考解决的办法。	大胆发言 认真倾听
三、优化方案	根据讨论的结构调整优化造型方案。	优化意识

项目阶段:五	展示评价,分享收获	
活动简介:经过一个月时间的培育,各小组最终展示自己的牵牛花造型,通过投票的方式评选出最佳造型小组。		活动时长:2课时

活动目标:
1. 通过成果汇报,提高分析、总结、反思、交流表达的能力。
2. 通过利用投影、PPT等展现项目成果,提高信息技术的应用能力。
3. 通过小组合作进行汇报,提高团队合作、沟通交流的能力。

驱动问题:
1. 怎样让大家理解我的牵牛花造型,发现它的美?
2. 我从本次项目式学习中学到了什么?

续 表

活动步骤	实 施 要 点	评 价 要 点
一、展示作品	1. 出示标准：出示牵牛花造型评价标准。 2. 展示：各小组选择实物展示、视频播放、PPT 介绍等任意方式展示牵牛花造型。 3. 介绍：小组介绍牵牛花造型设计理念，突出展现亮点之处。	团队合作 交流表达
二、小组评价	评价：聆听小组根据评价标准投票选举最佳造型小组。	大胆发言 认真倾听 客观评价
三、总结交流	交流：小组介绍项目收获与感想。	归纳总结 反思意识

第三节　明珠临港小学"少年创客"综合课程

一、综合课程纲要

"少年创客"综合课程纲要示例见表 4－10。

表 4－10 "结构模型"课程纲要

课程名称		结构模型		课程类型	拓展型
适用年级	四年级	总课时	15	课程对象	社团学生
课程目标	本课程利用学生自主探究的多个综合实践活动，基于探究深海打捞装置的主要功能，以保护鸟类生态家园为载体，通过自主设计图纸，使用微型机床对木板材料进行切割打磨、钻孔、黏合等关键步骤，尝试解决生活中富有挑战性的问题，开展项目交流分享会，提升专业认知，培养创新能力。通过一个个完整的主题探究活动，增长相关领域的知识与技能，更重要的是体验了探究的过程、提升探究意识与创新意识。				
课程实施	单元主题（课时）	内容项目	主　要　活　动		
	第一单元：深海打捞(6)	1. 建立项目	确定主题，确定小组，任务分工，梳理问题清单。		
		2. 设计图纸	设计"深海打捞装置"图纸，交流设计过程，改进设计。		
		3. 量制材料	在木板上绘制"深海打捞装置"各部件尺寸。		
		4. 切割部件	使用微型机床钻孔、切割、打磨，制作"深海打捞装置"。		
		5. 组装模型	使用热熔胶枪粘合、装饰"深海打捞装置"。		
		6. 分享回顾	交流分享会，整理资料。		

续　表

	单元主题 (课时)	内容项目	主　要　活　动
课程实施	第二单元:(9) 小鸟的家园	1. 鸟类调查	查阅资料,了解临港的鸟类。
		2. 组建小队	设计队名,任务分工。
		3. 设计图纸	确定尺寸、功能,交流改进。
		4. 筛选材料	寻找材料,筛选材料。
		5. 制作小鸟的家	制作小鸟的家园,划分功能区域。
		6. 制作喂食器	制作小鸟喂食器。
		7. 户外实验观察	交流改进。
		8. 小组展示	交流成果。
		9. 总结与感悟	整理资料、感悟总结。

二、单元与项目活动设计

项目名称:深海打捞

(一) 学习内容

近年来航空航海技术的不断发展,给我们的出行带来了巨大的便捷。然后由于极端气候或者突发情况,交通安全也是我们较为关注的一部分。例如,飞机在海上失事后,黑匣子会沉入海底。在如此富有挑战的环境中,打捞任务需要攻克诸多的难关。如何设计一个深海打捞装置,进行现有技术的突破,需要我们一起努力,从小小设计师开始,展开诸多的设计与思考。

(二) 设计意图

《深海打捞》项目以基于学生自主探究的综合实践活动为载体,探究深海打捞装置的主要功能。学生通过自主设计图纸,使用微型机床对木板材料进行切割打磨、钻孔粘合等关键步骤,完成深海打捞器模型。最后开展项目交流分享会,提升对深海打捞工作的专业认知,培养创新能力。通过这一个完整的主题探究活动,增长相关领域的知识与技能,更重要的是体验了探究的过程、提升学生的探究意识与创新意识。

(三) 学习目标

(1)借助空难故事引入,抛设打捞任务,确定研究主题,提高统筹思考能力与创新能力。

(2)学会运用简单的工具设计图纸,并能清楚表达制定方案,提高逻辑思维及口头表达能力。

(3)通过认真倾听其他小组设计方案的交流与介绍,学会有效的倾听方式。并能在文字记录和归纳的基础上,学会对他人及自己的项目作出评价总结,优化探究能力。

(4)通过自主设计与切割制作"深海打捞装置",养成从问题出发、记录问题、解决问题的习惯,提高动手操作能力。

(5) 能够运用语言、文字、多媒体等多种方式表达自己的探究成果和观点,并能对他人的成果作出客观评价。

项目 1：遭遇空难,打捞"黑匣子"

1. 确定主题

(1) 通过空难视频导入,抛设打捞"黑匣子"的任务,明确本课探究内容：深海打捞装置。

(2) 全班讨论确定本次活动主题：通过制作不同的"深海打捞装置"来探究救援任务。

2. 确定探究小组

通过自由选择,进行分组：6 人一小组,确定组长。

3. 制订探究计划

(1) 组长根据各人特长进行人员分工。

(2) 小组讨论制订探究计划,完成"小组探究活动记录单"(见表 4 - 11)。

表 4 - 11　小组探究活动记录单

项目主题	深海打捞		
小组名称	璀璨明珠小组		
小组成员及分工	姓名	任务分工	任务参考
组长	徐歆漫	过程问题记录、切割打磨	过程记录 问题记录 图纸设计 加工制作 粘合打磨 交流分享 摄影摄像 ……
组员	姚嘉浩	加工制作、交流分享	
	周楛语	图纸设计、切割	
	孙瑞洋	粘合打磨、交流分享	
辅导员			
项目活动时间及地点	项目活动内容	项目活动成果形式	
3.23	设计过程、图纸、问题清单	一张图纸、问题清单	
3.30	切割	许多木板	
4.6	打磨粘贴	模形	
4.13	讨论修改	修改完成	
项目研究成果展示时间	项目研究成果展示地点	项目研究成果展示形式	

(3) 小组讨论,集体完成"问题清单"(见表 4-12)。

表 4-12 "深海打捞"问题清单

小组名称: 璀璨明珠　　　　记录人员: 徐歆漫

序号	问题
1	水压太大了,机器人会不会变坏?
2	要设计哪种爪子是三爪还是两爪?
3	水下氧气不足怎么办?
4	要用机器人还是潜水艇?
5	水下太黑了看不见怎么办?
6	水下供电不足怎么办?
7	深海打捞会漏水吗?
8	机器会不会短路?
9	
10	
11	
12	
13	
14	
15	

4. 设计图纸

(1) 各小组独立设计"深海打捞器"图纸(见图 4-4)。

(2) 小组依次交流设计。

(3) 改进"深海打捞器"的图纸设计。

5. 确定成果类型

展示"深海打捞装置",并进行交流分享会。

6. 完成准备阶段评价表。

项目 2:设计图纸,制作"深海打捞装置"

1. "深海打捞装置"的图纸设计

(1) 小组合作,商定最终稿图纸中各部分的细节。

(2) 在木板上绘制"深海打捞装置"各部件尺寸。

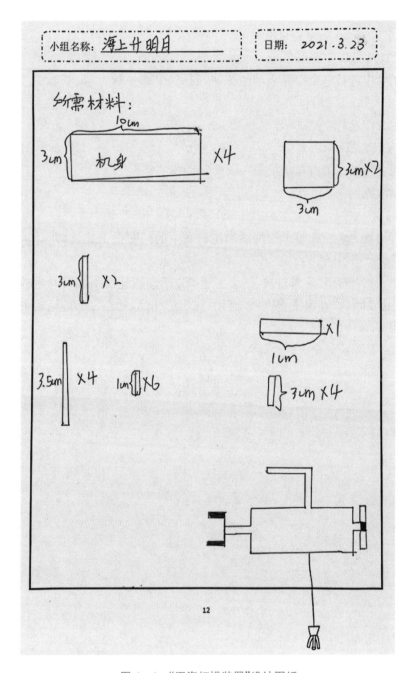

图 4-4 "深海打捞装置"设计图纸

2. 制作"深海打捞装置"

(1) 组长分工进行各部件材料的切割、打磨、钻孔。

(2) 各小组进行中期交流总结,调整制作技术和工艺,攻克制作难关。

(3) 使用热熔胶枪粘合、装饰,完成整个"深海打捞装置"。

3. 完成实施阶段评价表。

项目 3：交流展示,梳理项目成果

1. 梳理内容,完成资料积累

(1)小组合作进行整个探究活动的梳理,利用 PPT、照片、小报等形式进行过程性资料的积累。

(2)小组合作进行交流展示。

2. 完成项目汇报

(1)小组合作进行项目总结汇报

(2)展示交流

3. 教师总结

(1)教师对各个小组在整个探究活动中的发生的问题提出建议,并对学生的表现进行点评。

(2)提出希冀：希望"深海打捞"这个主题探究活动能让学生在平时生活中不断发挥创意,合理运用本领,设计出更多有趣、有用、好玩的作品,并在以后的活动中多多进行科学创造的作品。

4. 完成《结尾阶段评价表》

参 考 文 献

1. 图书

［1］贾高建.马克思主义哲学与当代实践［M］. 北京：中央编译出版社，2020.

［2］刘炼.抱木层台，创造未来［M］.上海：上海教育出版社，2020.

［3］刘友春.外语教学与二语习得的关系研究［M］.延吉：延边大学出版社，2018.

［4］王青逯，迟长伍.牢记教育初心，筑梦伟大时代［M］.长春：吉林人民出版社，2020.

［5］吴明平.让生命精彩：成都市七中育才学校双色德育课程实践探索［M］.成都：四川大学出版社，2021.

［6］张华，石伟平，马庆发.课程流派研究［M］.济南：山东教育出版社，2000.

［7］张念椿.当代学科发展的大趋势.载瞿葆奎主编，陆亚松，李一平选编.课程与教材（上）［M］.北京：人民教育出版社，1988.

2. 期刊

［1］Anderson，D M. Overarching Goals，Values，and Assumptions of Integrated Curriculum Design. *Schole: A Journal of Leisure Studies and Recreation Education*. 2013，28(1)：1－10.

［2］Costley，K C. Research Supporting Integrated Curriculum：Evidence for Using This Method of Instruction in Public School Classrooms. Online Submission；2015. Accessed November 22，2022.

［3］Draper，J T，Freeling，B S，Connell，S D. Sparking Creativity in Science Education. *The Journal of Creative Behavior*. 2021，55(4)：893－898.

［4］State Superintendent of Public Instruction Tom Torlakson's STEM Task Force. *Innovate: A Blueprint for STEM in California Public Education*［R］. 2014.

［5］Guo，J，Woulfin，S. Twenty-First Century Creativity：An Investigation of How the Partnership for 21st Century Instructional Framework Reflects the Principles of Creativity. *Roeper Review*. 2016，38(3)：153－161.

［6］Martins，G D，McCauley，V. Creativity in Science：A Dilemma for Informal and Formal Education. *Science Education*. 2021，105(3)：498－520.

［7］National Research Council. *Successful K-12 STEM Education: Identifying Effective Approaches in Science Technology，Engineering，and Mathematics*［R］.

Washington，DC：The National Academies Press. 2011.

［ 8 ］Vincent-Lancrin S，González-Sancho C，Bouckaert M，et al. Fostering Students' Creativity and Critical Thinking：What It Means in School. *Educational Research and Innovation*. OECD Publishing，2019.

［ 9 ］安奕，任玉丹，韩奕帆，等.PISA2021 创造性思维测评及启示［J］.中国考试，2019(11)：71－78.

［10］代建军，谢利民.综合课程的再认识：关系、形态、目的和结构［J］.课程·教材·教法，2000(10)：34－37.

［11］范树成.综合课程理论流派探析［J］.外国教育研究，2000(02)：18－24.

［12］范蔚.实施综合实践活动对课程资源的开发利用［J］.教育科学研究，2002(3)：32－34,47.

［13］付宜红.重新认识综合课程的价值［J］.基础教育课程，2019(2)：14－22.

［14］郭莉.特色学校环境下综合实践活动与校本课程开发有效整合的探索［J］.科学咨询(科技·管理)，2017(1)：113－114.

［15］胡卫平.科学课程与教学改革的未来走向［J］.中国科技教育，2022(6)：10－15.

［16］蒋铖茜. 初中科技创新课程项目式学习活动设计与实践研究［D］.阜阳师范大学，2022.

［17］瞿纬.创造力［J］.文艺生活·上旬刊，2020(6)：109－110.

［18］李群，牛瑞雪.创建跨学科主题课程涵养学生发展核心素养：北京市“人文·科技·生活”主题课程实践［J］.教育理论与实践，2019(23)：39－42.

［19］李彤彤.创客式教学：面向核心素养培养的 STEAM 课程教学新范式［J］.中国电化教育，2018(9)：40－47.

［20］李艳玲.学校教育与学生创造力的培养［J］.科技信息(学术研究)，2007(2)：44＋46.

［21］吕婷.综合课程改革的重点问题探究［J］.教育理论与实践，2014,34(25)：57－60.

［22］施章清.论档案袋评定与学生评价［J］.课程·教材·教法，2004(1)：77－81.

［23］王凯，郭蒙蒙.综合课程群：概念辨析、设计模式与案例分析［J］.课程·教材·教法，2022,42(4)：17－23.

［24］王小明.表现性评价：一种高级学习的评价方法［J］.全球教育展望，2003,32(11)：47－51.

［25］徐金雷，顾建军.从 STEM 的变式透视技术教育价值取向的转变及回归［J］.教育研究，2017(4)：78－85.

［26］衣新发，鲍文慧，李梦，等.斯滕伯格及其创造力研究［J］.贵州民族大学学报(哲学社会科学版)，2020(5)：140－163.

［27］张华.关于综合课程的若干理论问题［J］.教育理论与实践，2001(06)：35－40.

［28］赵慧晨，陆晓婷.开展 STEM 教育，提高学生创新能力：访美国 STEAM 教育知名学者格雷特·亚克门教授［J］.开放教育研究，2016,(5)：4－10.

［29］钟志贤，王觅，林安琪.量规：一种现代教学评价的方法［J］.中国远程教育，2007
　　　（10）：43－46.

［30］朱星遥.STEM课程开发研究［D］.东北师范大学，2021.